Overland Partners

Building on Values
Costruire sui valori

Introduction by/*Introduzione di*
Michael Benedikt

Chief Editor of Collection
Maurizio Vitta

Publishing Coordinator
Franca Rottola

Editorial Staff
Cristina Rota

Graphic Design
Break Point

Editing and Translation
Aaron Maines
Costanza Salvadori

Colour-separation
Litofilms Italia, Bergamo

Printing
Alfaprint, Busto Arsizio (VA)

First published July 2002

ISBN 88-7838-115-2

Contents
Indice

Building on Values

by Michael Benedikt

Costruire sui valori

di Michael Benedikt

Conditions facing American architects at the beginning of the 21st century are in many ways similar to conditions that faced European ones at the beginning of the 20th. There is once again the feeling of being at a *turning point* of sorts, one that demands a reappraisal of the old and a vital interest in the new.

In the early 1900s architects had to embrace the reality of industrialized production—the rational, the speedy, the expedient, the efficient. The necessary ideal was not sentimentality but practicality, not elaboration but simplicity, not splendor but elegance, not time but speed. The First World War and its financial aftermath in Europe made these preferences all but obligatory and universal.

Now another wave of technology is cresting—digital computation and communication systems—and with it another round of appraisal. We are asking how information technologies will affect architecture's methods and materials. We are questioning what seventy years of modern architecture has already done both to and for modern life by embracing such technologies as electrical lighting and power, air conditioning, high-strength materials, telephony, television, cars, and everything to do with their accommodation. Also up for reappraisal are the economic conditions under which most American architecture in the 20th century was created, which is to say, under the sign of business and real estate rather than of community, *polis*, or state, and with scant regard for the long-term repercussions of high energy use and low settlement densities.

The legacy of 20th century design is therefore not limited to what we find in glossy architecture books and magazines. That legacy is the quasi-urban developer landscape we drive through on the way to the airport: small buildings thrown about like litter in "the space of flows" (to use Manuel Castells' phrase) and larger buildings serving as hardly more than conduits for such flows: strips and shopping malls, airports, garages, and hotels identified by brand and logo, traversed by escalator and elevator, and looped together by freeways, air lanes, and wire.

Among architects, this reality engenders several responses.

One response is acceptance—with the hope of redemption through high design. For, as Modernists, most architects still believe—or rather, want to believe—that the

Le situazioni che si trovano ad affrontare gli architetti americani all'inizio del ventunesimo secolo sono in gran parte identiche a quelle cui si sono trovati di fronte gli architetti europei all'inizio del ventesimo. Ancora una volta, si avverte la sensazione di trovarsi ad una specie di svolta, una svolta che richiede una seria rivalutazione del vecchio e un acceso interesse per il nuovo.

Nei primi anni del '900, gli architetti hanno dovuto accettare la realtà della produzione industrializzata basata sulla razionalità, la velocità, l'utilità, l'efficienza. L'ideale al quale far riferimento non era il sentimento ma la praticità, non l'elaborazione complessa ma la semplicità, non la ricerca della grandezza ma l'eleganza, non la cadenza del tempo che passa ma la velocità. La Prima Guerra mondiale e le relative conseguenze finanziarie in Europa hanno reso queste scelte quasi obbligatorie ed universali.

Oggi, sta crescendo un'altra ondata di ricerca tecnologica - sistemi di computazione digitale e di comunicazione - e, con essa, una nuova fase di valutazione. Ci stiamo chiedendo come le tecnologie dell'informazione possano influenzare i metodi dell'architettura e i materiali. Ci chiediamo come, su entrambi, possano aver influito settant'anni di architettura moderna e cosa per la nostra vita attuale possa significare adottare tecnologie quali l'elettricità e l'illuminazione, l'aria condizionata, i materiali ad alta resistenza, la telefonia, la televisione, l'automobile e tutto ciò abbia a che fare con queste. Occorre inoltre rivalutare in quali condizioni di natura economica si è sviluppata la maggior parte dell'architettura americana nel ventesimo secolo, vale a dire con l'attenzione rivolta al mondo degli affari e all'edilizia residenziale piuttosto che al sociale, alla comunità, alla polis, *allo Stato, con scarsa preoccupazione per le ripercussioni a lungo termine sull'alto uso dell'energia e sulle basse densità d'insediamento.*

L'eredità lasciataci dalla progettazione del ventesimo secolo non è quindi solo ciò che possiamo trovare sui libri e sulle riviste di architettura stampate su carta patinata. Quell'eredità è il paesaggio poco antropizzato che incontriamo percorrendo le strade verso gli aeroporti: piccoli edifici sparsi in modo casuale nello "spazio dei flussi" (per usare una frase di Manuel Castell) ed edifici più grandi che servono poco più che da condotti per tali flussi: centri commerciali, aeroporti, parcheggi ed alberghi contrassegnati da marche ed insegne, attraversati da scale mobili ed ascensori e connessi fra di loro da autostrade, percorsi sopraelevati e cavi elettrici.

Fra gli architetti, questa situazione genera molte risposte.

Una di queste è l'accettazione di tale realtà senza discussioni, con la speranza di un riscatto attraverso una

energies released by development, industry, and technology can be harnessed and molded by Great Design into satisfying patterns of living that may bear little formal relationship to those of the past. In this view, openness to the changing conditions of practice is the first step towards creativity, towards fulfilling the original Modernist promise of a high-tech, high-performance architecture that serves the life-styles of a new century. All else is nostalgia.

Another response is reluctant acceptance, with the hope of redemption through a different kind of design. In love with the unsung architectural gems of the world (but mostly of Europe), many architects find themselves trying to create spatial and civic experiences that go back hundreds if not thousands of years: the experience of streets, squares, and open-air marketplaces; of bell towers, arcades, and paths-next-to-rivers; of windows that open in rooms that are *rooms*, and so forth. These are the places ordinary people *really* want, such architects believe, and that people could *have* if only they would put their money (and their votes) where there hearts really are. Engineering and technology here play a supportive role, not a leading one, and are best when invisible.

A third response is resistance. This response can range from becoming a no-growth activist and/or "green" architect (high- or low-tech) to refusal to participate in commercial projects at all (or at least, to participate in them on the terms usually given architects), combined with an interest in putting new technologies to work in ways not intended by their marketers. Such architects must choose their clients well. They must cultivate moneyed—and preferably maverick—cultural institutions and patrons. They must publish and show their unrealized work no less often than constructions they have built. They must attach themselves to universities, travel a great deal, and eschew color in their daily wardrobe. Interestingly, their rhetoric often overlaps with the first group.

This three-category analysis of responses to the landscape of development is too simple, of course. Most architects selectively combine components of these responses depending on the client, the project, and even the *stage* in the project at hand: now progressive, now nostalgic, now high-mindedly abstract; now business-friendly, now people-friendly, now unfriendly (prophet) or cool (functionary). But such eclecticism carries a price: the price of incoherence. Few architects can form a coherent picture of their practice, and of their times, out of such congeries of response; and it shows in the tepidness of the architecture they produce: not *bad* perhaps, but not good either – neither cooperatively civic nor individualistically heroic, and permanently bullied into a defensive posture by economic forces.

Some firms develop what seems to be a coherent response to current conditions by presenting an outwardly consistent and recognizable style, even if that means ignoring significant variables. But only the very few seek and find coherence of a deeper kind, at a deeper level. Committing less to a given style—to a preferred set of materials, colors, and forms—they develop instead a coherent set of *ethical values*, rather than aesthetic ones values, that guide design as well as professional behavior.

valida progettazione. Così, come i Modernisti, la maggior parte degli architetti crede ancora - o piuttosto vuol credere- che le energie e le possibilità connesse con lo sviluppo dell'industrializzazione e la tecnologia possano essere asservite e modellate attraverso un Grande Progetto che soddisfi modelli di vita che abbiano qualche riferimento formale, anche se limitato, a quelli del passato. In quest'ottica, l'apertura al cambiamento nella professione è il primo passo verso la creatività, verso il rispetto del Modernismo originale con la sua promessa di un'architettura ricca di alta tecnologia ed alte prestazioni al servizio dei modelli di vita del nuovo secolo. Tutto il resto è nostalgia.

Un'altra reazione consiste nell'accettare la situazione di malavoglia, con la speranza di riscattarsi attraverso un modo diverso di progettare. Molti architetti, innamoratisi dei gioielli non celebrati dell'architettura mondiale (specie quella europea), vanno alla ricerca di se stessi, cercando di creare esempi spaziali e civili che ci riportano indietro di centinaia se non di migliaia di anni: strade, piazze e mercati all'aperto, campanili, portici e percorsi lungo i fiumi, finestre che si aprono su stanze che sono spazi e così via. Alcuni architetti credono che questi siano i luoghi e gli spazi che la gente comune realmente vuole e che potrebbe ottenere se solo anteponesse al proprio portafogli (e al proprio voto) i veri sentimenti. In tale contesto, l'ingegneria e la tecnologia svolgono un ruolo di supporto e raggiungono il massimo risultato quando restano invisibili.

Una terza risposta è la resistenza. Questa reazione può variare dal diventare un attivista del "non sviluppo" e /o architetto "verde" (alta o bassa tecnologia) fino a rifiutarsi di partecipare del tutto a progettazioni di natura commerciale (o almeno di partecipare ad esse nei termini usualmente assegnati agli architetti); il tutto combinato con un interesse nel porre in opera le nuove tecnologie nei modi non imposti dal mercato. Questi architetti devono ben selezionare i loro committenti potenziali. Devono accattivarsi istituzioni culturali e patrocinatori danarosi - e preferibilmente indipendenti. Devono pubblicare ed esporre le loro opere non realizzate altrettanto spesso di quanto non facciano con quelle costruite. Devono entrare a far parte del mondo universitario, viaggiare molto ed evitare il colore nel loro abbigliamento quotidiano. Stranamente, la loro retorica sovente si sovrappone a quella del primo gruppo.

Questa suddivisione delle risposte al panorama dello sviluppo è naturalmente troppo semplicistica. Molti architetti combinano in modo selettivo componenti di tali reazioni in base al cliente, alla tipologia del progetto e anche alla fase di avanzamento dello stesso: ora progressisti, ora nostalgici, ora fortemente astratti; ora favorevoli al mondo degli affari, ora al sociale, ora ostili (profeti) o distaccati (burocrati). Ma tale eclettismo ha un prezzo da pagare: il prezzo dell'incoerenza. Pochi architetti possono offrire un quadro coerente della loro professione e dei loro tempi al di fuori di questa congerie di risposte; e ciò si rivela nella tiepidezza dell'architettura che producono; non male certo ma neppure buona - né cooperativamente civica né individualisticamente eroica e costantemente costretta ad un atteggiamento difensivo dalle forze economiche.

Alcuni studi di architettura sviluppano quella che sembra essere una risposta adeguata alle condizioni attuali offrendo uno stile esteriormente coerente e riconoscibile, anche se ciò significa non tenere conto di variabili significative. Ma solo poche cercano e applicano una coerenza di tipo e livello più profondi. Affidandosi poco ad uno stile precostituito - a scelte di materiali, colori e forme - queste sviluppano invece un

One such firm is Overland Partners.

Holding to values that are ethical in nature rather than aesthetic or economic gives Overland Partners a proverbial moral compass with which to navigate the forest of aesthetic, social, and economic choices that all architects must confront. The twelve core values by which Overland Partners operates are printed at the end of this monograph. Not one of them is situational (that is, if A happens, do B; but if C happens, do D) or outwardly directed ("here's what we stand for"). They are, rather, absolute values internal to the firm—the elements of a moral contract between all members of the firm, from partner to intern, that are definitive of what it means to be virtuous and to thrive within the firm's aegis.

Such values exist *before* design, but remain to affect design in various subtle ways. Take, for example, the core value, "Relationships That Last." One of its surprising consequences is that ambitious young architects in the firm are encouraged to set up their own practices when they feel ready to do so. Indeed, Overland will use the new firm to consult on some of their own projects, and will send work to the new arrival. Consider the effect that this core value has—this promise, akin to grace—on young architects in the firm. What can it do but elicit joyful work from them? And loyalty. Not only does it foster a long-term mutual respect between partners and employees, it also creates a platform for meaningful discussion of both firm and individual goals. And imagine what it does for recruiting.

Or take the core value, "Balanced Life." No partner in Overland Partners will allow any other partner, or any employee, to work so hard that the person's family life or spiritual life suffers. This goal sets up a network of care and mutual regard that allows people to give the firm their all without fearing that still more is expected from them, and more yet, until something breaks.

The ethical concern represented by "Relationships That Last" and "Balanced Life" has a clear impact on the kind of design Overland Partners produces (as do the ethical concerns of its other core values). Take the firm's earliest signature work, the Lady Bird Johnson Wildflower Research Center in Austin, Texas. Programmatically a nexus of research in native plant ecology—itself a long-term investment—here is a complex of buildings that set themselves up in a lasting relationship to nature. Not only does the complex protect Man from Nature (as buildings long have done), but more unusually, it shelters Nature from Man too, using only local materials, harvesting rainwater, guiding movement over sensitive land, educating people to the beauty and fragility of the natural landscape. The buildings create space in ancient courtyard and arcade forms, with garden walks, field walks, arbors, and tower views... (Recall the second response). If it can be said that a *building* has a life, then these buildings have an extraordinarily well-balanced and sustainable life.

The same ethical relationship *vis-à-vis* the environment now guides the design of the Grand Canyon Transit Center in Arizona, the Wildlife Experience Center in Denver, Colorado, and the Penn State School of Architecture in State College, Pennsylvania, among others. These are buildings the very programs of which are built around the values of "Relationships That Last" and a "Balanced Life." What else, really, does "sustainability" mean?

insieme coerente di valori etici - preminenti su quelli estetici - che indirizzano la progettazione e l'atteggiamento professionale. Uno di questi è Overland Partners.

Il basarsi su valori che sono etici in natura piuttosto che estetici o economici offre a Overland Partners un basilare strumento morale per orientarsi nel groviglio delle scelte estetiche, sociali ed economiche che tutti gli architetti devono affrontare. I dodici valori essenziali cui si ispira Overland Partners sono esposti alla fine della presente monografia. Nessuno di questi è legato a situazioni contingenti (vale a dire, se si verifica il punto A, metti in atto B; ma se si verifica C, metti in atto D) o orientato verso l'esterno ("Questo è ciò in cui crediamo"). Essi sono, piuttosto, valori assoluti interni allo studio - gli elementi fondamentali di un contratto morale tra tutti i membri dello stesso, dal socio al dipendente, che definiscono ciò che significa essere virtuosi e crescere sotto l'egida dell'azienda. Tali valori esistono prima della progettazione ma la ispirano in maniera sottile in varie forme.

Prendiamo, ad esempio, il valore essenziale, "Rapporti Duraturi". Una delle sue sorprendenti conseguenze sta nel fatto che i più ambiziosi tra i giovani architetti dello studio sono incoraggiati a mettere in piedi attività professionali indipendenti non appena si sentono pronti per farlo. Ebbene, Overland si rivolgerà a queste nuove realtà professionali per consulenze relative ai propri progetti, fornendo loro nuovo lavoro. Considerate l'effetto che questo valore essenziale - questa promessa del tutto simile ad una concessione - produce sui giovani architetti della società. Cosa può provocare in loro se non una risposta gioiosa nel lavoro? E lealtà. Non solo favorisce un rispetto mutuo e duraturo tra soci e dipendenti ma crea anche una piattaforma di discussione vibrante sugli obiettivi sia societari che individuali. Per non parlare poi di quanto possa incidere sulle assunzioni del personale.

Oppure consideriamo il valore "Equilibrio nella vita". Nessun socio dello studio Overland Partners consentirà a un proprio collega o a un suo dipendente di lavorare così duramente da pregiudicare la sua vita familiare o spirituale. Questo obiettivo mette in atto tutto un sistema di attenzioni e mutuo rispetto che consente alle persone di dare allo studio il massimo di loro stesse, senza temere che ci si aspetti di più da loro e rischiare di arrivare al limite di rottura.

L'attenzione etica che viene data ai valori "Relazioni Durature" ed "Equilibrio nella vita" (così come quella riservata agli altri valori essenziali) ha un evidente impatto sul tipo di progettazione che Overland Partners espleta. Prendiamo, ad esempio, il loro primo progetto elencato: il Lady Bird Johnson Wildflower Research Center di Austin, Texas. Ideato come luogo di ricerca sull'ecologia delle piante native - investimento questo a lungo termine - è un complesso di edifici che si pone in una relazione duratura con la natura. Infatti non solo protegge l'Uomo dalla Natura (cosa che per lungo tempo hanno fatto gli edifici) ma, più insolitamente, difende la Natura dall'Uomo, utilizzando soltanto materiali locali, raccogliendo acqua piovana, regolando i flussi su terreni fragili, educando le persone alla bellezza e alla fragilità del paesaggio naturale. Lo spazio è occupato dagli edifici che si affacciano sul cortile ricco di portici, di vialetti nei giardini, di sentieri tra i prati, di alberi e di viste della torre… (Ricordiamo la seconda reazione). Se si può dire che un edificio ha una propria vita, ebbene questi edifici hanno una vita straordinariamente ben equilibrata e sostenibile.

La stessa relazione etica con l'ambiente ispira la progettazione, tra gli altri, del Grand Canyon Transit Center in Arizona, del Wildlife Experience Center a Denver, Colorado, e del Penn State School of Architecture a State

Earlier I spoke of a third response to the "space of flows"—namely, resistance. Part of that response was using available technology in unexpected ways. At the South Texas Blood and Tissue Center in San Antonio, "blow-down" cooling water from the air conditioning plant is recovered, filtered, and stored in tanks. It is then used for irrigating the grounds. The Center's grounds remain green through drought conditions, completely independent of San Antonio's water supply and its restrictions. Like an adapted desert plant, the building wrings water from the air itself, where there is plenty. Similarly, at the Bracken Cave Visitor Center, the building not only harvests rainwater and recovers gray water from the air conditioning plant; it also uses an on-site biological system to process wastewater and depends on a pond for geothermal cooling. This system will treat water as the precious resource it is, taking full advantage of its properties while promoting its conservation in the long term.

A third core value of Overland Partners' practice is "Joy in the Journey." A building is thought of not as a solution to a client's problem, but as the result of a finer-grained, ongoing process of discovery through collaboration; a mixing together of client knowledge and architectural knowledge that reaches for something neither client nor architect can envisage alone. With the faith that the most meaningful architecture develops in this way, optimism and delight in work abound, architect and client grow—and grow together—in the process, and users benefit from the result: every Sunday morning, people travel from afar to the vast indoor amphitheater of the Riverbend Church in the Texas hill country to watch pastor and choir on a stage that seems set under a broad rainbow at sunset, on a hilltop set against an overarching western sky. The building Overland Partners designed with the leaders of Riverbend Church—now one of the ten fastest-growing churches in America—is an ongoing miracle, at least to that community. The space is a powerful one by any measure, celebrating locale, nature, the human spirit, and God. It reminds us that architecture—meaningful architecture—is born in a spirit of generosity, and served well by the idea that life ought to be a joyful journey.

In this short essay I have mentioned only a few of Overland Partners' buildings and projects, and even fewer of the design implications, as I see them, of the firm's core values. Aware that the process of translation is a never-ending one, the partners themselves constantly try to clarify how their core values become guidelines for design. One result is the evolving document they call their Design Philosophy. "We realize," they write there, "that architecture is not an end in itself, but a component in a broader solution." We may wonder what problem this solution is intended to address. Their designs and their values give an answer: to the problem of living a sustainable and loving life in the 21st century.

College, Pennsylvania. I progetti di queste realizzazioni hanno preso forma attorno ai valori "Relazioni Durature" ed "Equilibrio nella vita". Cos'altro può significare altrimenti la "sostenibilità" di un progetto?

In precedenza, accennavo ad una terza risposta allo "spazio dei flussi": quella della resistenza. Parte di tale modo di reagire consisteva nell'utilizzare la tecnologia disponibile in maniere inusuali. Nel South Texas Blood and Tissue Center di San Antonio, l'acqua di raffreddamento da "espellere", proveniente dall'impianto di aria condizionata, viene recuperata, filtrata e immagazzinata all'interno di cisterne, per poi essere utilizzata per l'irrigazione. Il terreno su cui sorge il centro rimane verde, anche in condizioni di siccità, restando indipendente dal sistema di approvvigionamento idrico di San Antonio e dalle sue restrizioni. L'edificio, come una pianta del deserto, "succhia" acqua dall'aria ricca di umidità. Così come per il Bracken Cave Visitor Center, anche qui non solo viene raccolta l'acqua piovana e recuperata quella proveniente dall'impianto di aria condizionata, ma viene utilizzato, in sito, un sistema biologico per il trattamento dell'acqua reflua; inoltre, viene sfruttato un laghetto per il raffreddamento geotermico. Questo sistema consente di trattare l'acqua come un bene prezioso, traendo grande profitto dalle sue proprietà e promuovendo la sua conservazione a lungo termine.

Un terzo valore fondamentale alla base della attività dello studio Overland Partners è la "Gioia nel Lavoro". L'oggetto da progettare viene pensato non come soluzione al problema del cliente ma come risultato di un processo continuo di scoperta attraverso la collaborazione; un misto tra la conoscenza del cliente e la conoscenza dell'architetto, che anela a raggiungere qualcosa che né il cliente, né l'architetto da soli possono immaginare. Nella convinzione che la migliore architettura si sviluppa su queste basi, entusiasmo e gioia nel lavoro abbondano, l'architetto ed il cliente crescono - e crescono insieme - nel processo, e gli utenti traggono beneficio dal risultato ottenuto: ogni domenica mattina, la gente raggiunge, anche da lontano, il grande anfiteatro al coperto della Riverbend Church nella campagna collinare del Texas per vedere il pastore ed il coro sul palco. Questo sembra posto sotto un grande arcobaleno al tramonto, sulla cima di una collina che si staglia ad occidente contro il cielo. La costruzione che Overland Partners ha progettato insieme ai leaders della Riverbend Church - una delle dieci chiese che è cresciuta più velocemente negli Stati Uniti - rappresenta un miracolo in atto, almeno per quella comunità. Lo spazio è straordinario da ogni punto di vista ed esalta il luogo, la natura, la spiritualità umana e Dio. Ci ricorda che l'architettura - quella vera - è nata in uno spirito di generosità ed è ben supportata dal concetto che la vita dovrebbe essere un viaggio gioioso.

In questo breve saggio ho menzionato soltanto alcune delle realizzazioni e dei progetti di Overland Partners e delle implicazioni, per come le vedo io, dei principali valori della società sulla produzione progettuale. Consapevoli che tale processo di traslazione è senza fine, gli stessi soci non si stancano di ricordare come i valori essenziali rappresentino linee guida per l'attività progettuale. Un risultato è il documento in evoluzione che essi chiamano la loro Filosofia Progettuale. "Noi ci rendiamo conto," in esso è scritto, "che l'architettura non si esaurisce in se stessa ma rappresenta una componente in un quadro più ampio." Ci si può chiedere quale problema questa loro indicazione intenda risolvere. Le loro opere e i loro valori ci danno una risposta: come affrontare una vita piacevole e sostenibile nel ventunesimo secolo.

Works/*Opere*

Lady Bird Johnson Wildflower Center

Austin, Texas 1995

Client/*Committente*
The Lady Bird Johnson Wildflower Center

Consultants/*Consulenti*
Landscape Architect/*Architettura del paesaggio*
Robert Anderson, ASLA; Eleanor McKinney, ASLA

Landscape Restoration/*Riqualifica del paesaggio*
Darrel Morrison, FASLA

Structural/*Strutture*
Danysh Lundy & Associates

Mechanical, Electrical, Plumbing
Impianti meccanici, elettrici, idraulici
Barron Engineering

Civil/*Opere civili*
Bury + Pittman

Construction/*Costruzione*
Barlett Cocke; Austin Commercial

Photographers/*Fotografi*
Tim Hursley (pgs. 10, 15, 16, 17, 18)
Greg Hursley (pg. 12),
Ann Ducote (rendering, pg. 13)
Paul Bardagjy (pgs. 13, 14)
Overland Partners (pg. 14 bottom, pg. 19)

Dedicated to teaching about the environmental necessity, economic value, and natural beauty of native plants, the Lady Bird Johnson Wildflower Center supports research, education, and conferences. The 54,000-square foot Center includes visitors' galleries, an auditorium, classrooms, a gift shop, a cafè, administrative offices, a botanical library, and research labs inspired by vernacular building traditions. Formal and informal gardens, including restored meadows, all showcase the richness of the native landscape on the 40-acre site, providing many opportunities for active learning.

Demonstrating an ecologically sensitive approach to the development of a site with fragile environmental conditions, the buildings and the programs they support model "total resource conservation." Innovative practices employed in the design and construction of the complex range from the reuse of non-biodegradable construction spoil in construction of the observation tower to the incorporation of one of the largest rain water harvesting systems in the United States.

Ideato per educare alle necessità ambientali, al valore economico e alla bellezza naturale delle piante indigene, il Lady Bird Johnson Wildflower Center sostiene la ricerca, l'educazione ed è sede di congressi. Il Centro, un complesso che occupa una superficie di circa 5.000 metri quadrati, include sale per il pubblico, un auditorium, aule, un negozio di oggettistica, una caffetteria, uffici amministrativi, una biblioteca botanica e laboratori di ricerca ispirati alle tradizioni edilizie locali. Giardini classici e non, che comprendono prati scrupolosamente curati, mostrano tutti la ricchezza del paesaggio indigeno, che si estende su un sito di 16 ettari e offrono numerose opportunità per un apprendimento attivo.

Manifestando un approccio ecologicamente sensibile allo sviluppo di un'area dalle fragili condizioni ambientali, gli edifici, con i relativi programmi che vengono in essi svolti, tendono alla "totale conservazione delle risorse". Le tecniche innovative previste nella progettazione e impiegate nella costruzione del complesso vanno dal riutilizzo, nell'edificazione della torre di osservazione, dei residui dei materiali da costruzione non bio-degradabili alla realizzazione di uno dei più vasti sistemi di raccolta delle acque piovane degli Stati Uniti.

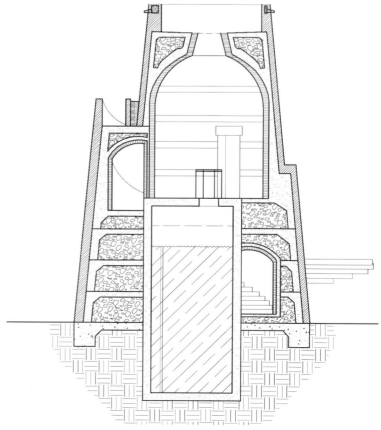

Opening page,
observation tower.
*Nella pagina d'apertura,
torre di osservazione.*

Above, administrative
office with seed silo
in foreground.
*Sopra, uffici
amministrativi con silo
per semi in primo piano.*

Section through
observation tower.
*Sezione della torre
di osservazione.*

Above, demonstrative
gardens.
*Sopra, giardini
espositivi.*

Site plan
Planimetria generale.

Top, entry water feature.
In alto, specchio d'acqua all'ingresso.

Above, view from meadow.
Sopra, vista dal prato.

Opposite page, entry archways.
Nella pagina a fianco, ingresso con archi.

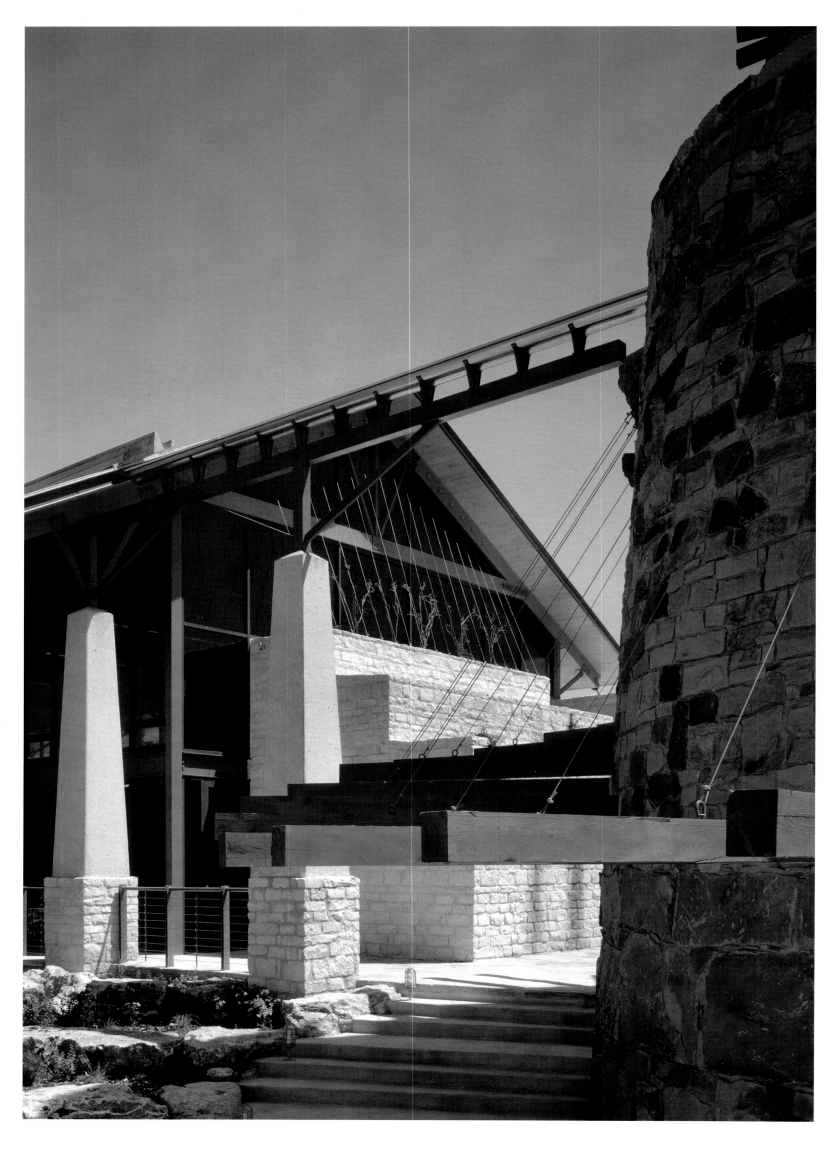

Site section through
gallery and courtyard.
*Sezione della galleria
e del cortile.*

Opposite page, gallery
with observation tower
in foreground.
*Nella pagina a fianco,
galleria con torre
di osservazione
in primo piano.*

Top, gutter for harvesting
water from gallery roof.
*In alto, canale di raccolta
dell'acqua dalla
copertura della galleria.*

Above, interior of gallery arranged for special events.
Sopra, interno della galleria destinata ad eventi speciali.

Opposite page, interior of auditorium.
Nella pagina a fianco, interno dell'auditorium.

Chickasaw National Recreation Area Visitor Center

Sulphur, Oklahoma 2003

Client/*Committente*
The National Park Service

Consultants/*Consulenti*
Project Management/*Direzione lavori*
National Park Service, Denver Service Center

Landscape Architect/*Architettura del paesaggio*
Edaw

Civil/*Opere civili*
Myers Engineers

Structural/*Strutture*
Lundy & Franke Engineering

Mechanical/*Impianti meccanici*
Goetting and Associates

Photographers/*Fotografi*
Overland Partners

The Chickasaw National Recreation Area Visitor Center will be located at the site of the historic Vendome Fountain, which taps into mineral water springs that have been visited for thousands of years for their reputed therapeutic benefits. In the 1930s, in recognition of the popularity of the waters for bathing in and drinking, the federal Civilian Conservation Corps built waterworks and pavilions throughout this national park, one of the country's oldest. Locals still drink from the Vendome Fountain, once the center of a well-remembered spa resort. Moreover, the springs retain meaning for the Chickasaw Nation, who sold them to the government to ensure protection of the water sources.

The new Visitor Center will orient visitors to the park's many cultural and recreational resources, as well as to destinations like the new Chickasaw Cultural Center. Through the architecture and landscape it creates, and the exhibits it houses, the Center will interpret water, history, cultural landscape, and environment. While the Center's design draws from such things as the physical legacy of "Park Rustic" architecture, the historical memory of the mineral spas, and the climate of Oklahoma, it also uses forms and materials distinct to our own time.

Il Chickasaw National Recreation Area Visitor Center sorgerà nel sito della storica Vendome Fountain che spilla acqua da sorgenti minerali frequentate nel corso di migliaia di anni per i loro noti effetti terapeutici. Riconoscendo la bontà e la popolarità delle acque sia per la balneazione che per la loro potabilità, il Civilian Conservation Corps federale ha costruito, negli anni 1930, grandi impianti idrici e padiglioni in tutto questo parco nazionale, uno dei più antichi del paese. La popolazione locale beve ancora dalla Vendome Fountain, un tempo centro di una famosa stazione termale. Inoltre, le sorgenti rivestono grande significato per la popolazione Chickasaw, che le ha vendute al governo per garantirne la protezione.

Il nuovo Visitor Center indirizzerà il pubblico verso le molte risorse culturali e ricreative del luogo e verso varie destinazioni, tra cui il nuovo Chickasaw Cultural Center. Attraverso l'architettura e il paesaggio che crea e le mostre che ospita, il Centro interpreterà il panorama idrico, storico, culturale e ambientale. Pur attingendo dall'eredità dell'architettura "Park Rustic", dalla memoria storica delle stazioni termali e dalle esigenze ambientali dell'Oklahoma, il progetto utilizza forme e materiali tipici del nostro tempo.

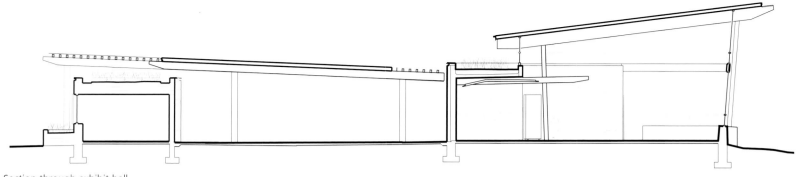

Section through exhibit hall.
Sezione della sala d'esposizione.

North elevation.
Prospetto nord.

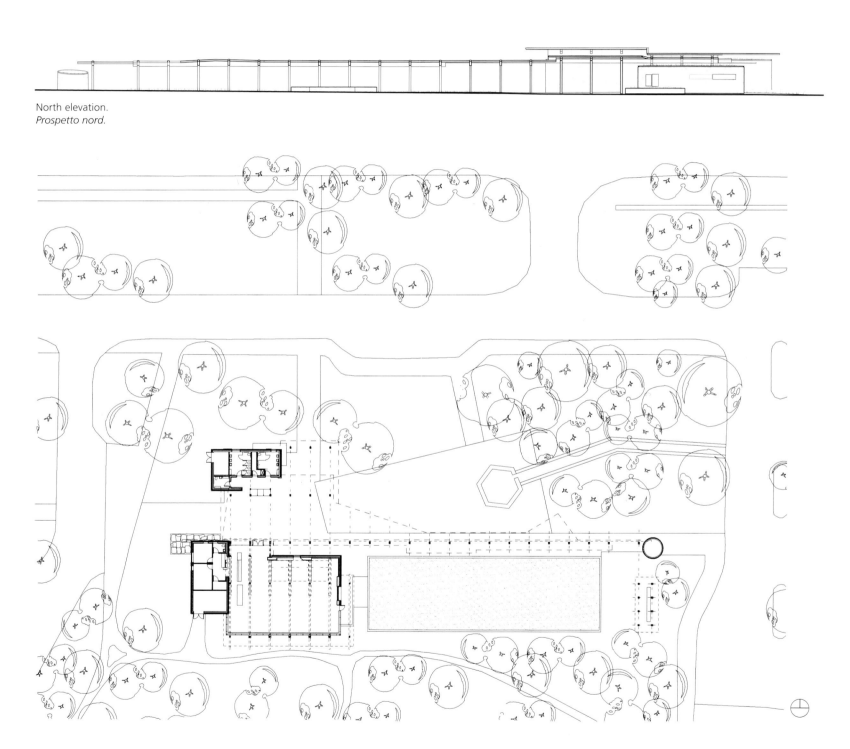

Site plan.
Planimetria generale.

Opening page, view
from south-west.
*Nella pagina d'apertura,
vista da sud-ovest.*

Top left,
view toward entry.
In alto a sinistra,
vista sull'ingresso.

Top right,
view from west.
In alto a destra,
vista da ovest.

Above,
view from north-east.
Sopra,
vista da nord-est.

South Texas Blood and Tissue Center

San Antonio, Texas 1995

Client/*Committente*
South Texas Blood and Tissue Center

Consultants/*Consulenti*
Landscape Architect/*Architettura del paesaggio*
The Sage Group

Structural/*Strutture*
Danysh Lundy & Associates

Mechanical, Electrical, Plumbing
Impianti meccanici, elettrici, idraulici
HMG & Associates

Civil/*Opere civili*
Pape Dawson Engineers

Construction/*Costruzione*
Barlett Cocke L.P.

Photographers/*Fotografi*
Anthony Perez (pgs. 24, 26-29)
Overland Partners (pg. 26 bottom right)

The new headquarters for the South Texas Blood and Tissue Center provides state-of-the art laboratory facilities in a new and enduring symbol for the organization. Regional cut limestone and galvanized steel create a highly functional building, celebrating both the beauty and the economy of local resources.

Combining process laboratories, support space, and a donor pavilion, the building is organized around a 300-foot long limestone wall that separates the Center's public and private functions and acts as a thermal mass, protecting the sensitive labs from intense Texas sun. The cylindrical donor pavilion, the most prominent element seen from a heavily-travelled San Antonio freeway, communicates the importance of blood donation. The building's many sustainable attributes also reinforce the idea of treating community resources as precious commodities. A gray water retrieval and processing system allows water used in the cooling of the building, along with water collected in the building's extensive rainwater harvesting system, to be recycled and used to fill the Center's entry fountain, as well as to maintain the surrounding landscape. Reinforcing the organization's mission as a steward of vital resources, the Center displays the largest collection of local contemporary art higlighting recycled materials and found objects.

La nuova sede del South Texas Blood and Tissue Center mette a disposizione attrezzature di laboratorio estremamente sofisticate in una struttura, divenuta simbolo nuovo e duraturo dell'organizzazione. Calcare locale tagliato e acciaio zincato creano un edificio estremamente funzionale, che esalta sia la bellezza che l'economia delle risorse locali.

Considerati i laboratori, lo spazio a supporto e un padiglione per i donatori, la costruzione si sviluppa attorno a un muro di calcare lungo 91 metri, che separa le funzioni pubbliche da quelle private del Centro. Il padiglione cilindrico adibito alla donazione, l'elemento più notevole che si vede dall'adiacente autostrada di San Antonio, trasmette l'importanza della donazione del sangue. Le numerose caratteristiche qualitative sostenibili dell'edificio rafforzano anche l'idea di dover considerare le risorse della comunità come beni preziosi. Un sistema di recupero e trattamento delle acque reflue permette che l'acqua utilizzata per l'impianto di raffreddamento dell'edificio, assieme a quella riunita nel vasto sistema di raccolta dell'acqua piovana, sia riciclata e utilizzata per riempire la fontana ubicata all'ingresso del Centro nonché per irrigare il paesaggio circostante. A conferma del fatto che la missione dell'organizzazione è quella di essere al servizio delle risorse vitali, il Centro espone anche un'ampia collezione di opere d'arte contemporanea realizzate con materiali e oggetti riciclati.

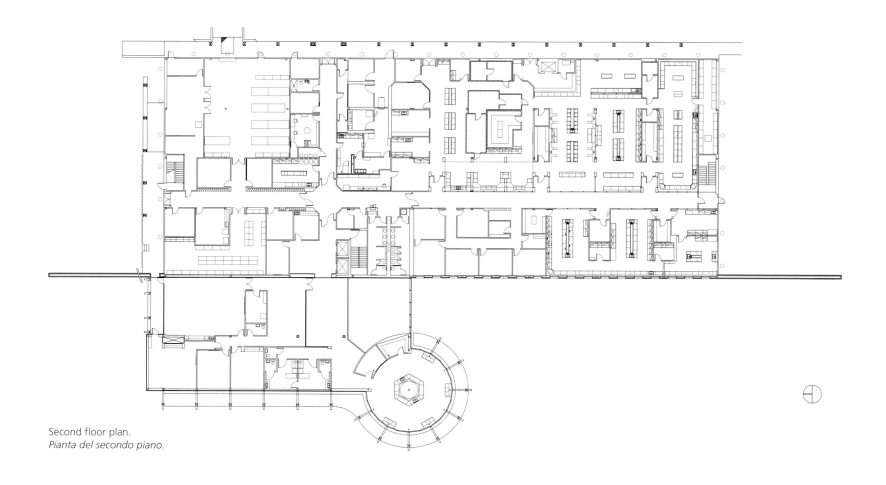

Second floor plan.
Pianta del secondo piano.

Opening page, view
from the freeway.
*Nella pagina d'apertura,
vista dall'autostrada.*

Above left, water
harvesting cisterns.
*Sopra a sinistra, cisterne
per la raccolta
dell'acqua.*

Above right, detail
of the sunscreen.
*Sopra a destra, dettaglio
del frangisole.*

Opposite page,
donor pavilion.
*Nella pagina a fianco,
padiglione per la donazione.*

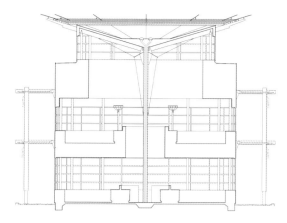

Section through donor
pavilion.
*Sezione del padiglione
per la donazione.*

Left from top, view
from second floor
to donor pavilion roof;
view of the lobby.
*A sinistra dall'alto,
vista dal secondo piano
sulla copertura
del padiglione per
la donazione; vista
dell'atrio.*

Opposite page, interior
of donor pavilion.
*Nella pagina a fianco,
interno del padiglione
per la donazione.*

Plaza Kinta

Monterrey, Mexico 1994

Client/*Committente*
Profax S.A. de C.V.

Consultants/*Consulenti*
Structural, Mechanical Engineers/General Contractor
Strutture, Ingegneria meccanica/Impresa generale
Ing. Rafeal Garza and Arch. Santiago Vidal

Civil/*Opere civili*
Ing. Sergio Negrete

Photographers/*Fotografi*
Overland Partners

Plaza Kinta marks the coming of age of a Monterrey suburb as an economic powerhouse in Mexico. In an inversion of site planning typical of commercial development, a retail plaza is accessed through a dramatic freestanding stone wall providing a protected, pedestrian environment for shopping and gathering. A large fountain marks the center of the plaza, while a masonry tower, set against a dramatic backdrop formed by the Cerra de la Silla Mountain, serves as a vertical landmark. The design reconciles tradition with technology by tightly framing the outdoor plaza with simple stucco buildings and solid walls of native stonework. Incorporating a number of locally produced industrial materials, including the tensile steel elements of the shading arcade, the spiral layout of the plaza is emblematic of the city's contemporary activity and energy. Designed to endure in the dry Monterrey climate, the complex includes a large water harvesting system, native plants, and vegetated roofs.

Plaza Kinta segna l'avvento dell'era in cui la periferia di Monterrey diviene un centro economico importante in Messico. In un capovolgimento della concezione dei luoghi tipica dello sviluppo commerciale, l'area dei negozi è accessibile attraverso una sensazionale parete di pietra senza supporto che offre uno spazio pedonale protetto per lo shopping e per gli incontri. Una grande fontana caratterizza il centro della piazza, mentre una torre in muratura, che si staglia sullo sfondo mozzafiato della montagna Cerra de la Silla, funge da punto di riferimento verticale. La progettazione concilia la tradizione con la tecnologia, incorniciando saldamente la piazza con semplici costruzioni in stucco e solide pareti in pietra locale. Utilizzando un certo numero di materiali industriali prodotti in loco, compresi gli elementi di acciaio in tensione dell'ombroso porticato, la pianta elicoidale della piazza è l'emblema dell'attuale vitalità ed energia della città. Progettata per sopportare il clima secco di Monterrey, l'opera comprende anche un vasto sistema di raccolta dell'acqua piovana, piante native e coperture sistemate a verde.

Opening page, retail
courtyard with
mountains beyond.
*Nella pagina d'apertura,
area dei negozi con le
montagne sullo sfondo.*

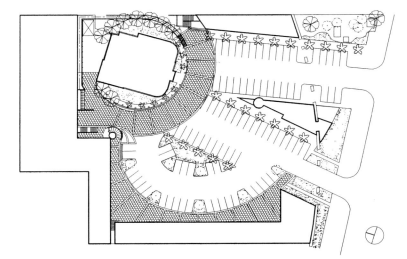

Site plan.
Planimetria generale.

These pages, simple
buildings frame views
of surrounding
mountains.

*In queste pagine,
semplici costruzioni
incorniciano la vista delle
montagne circostanti.*

The Hockaday School

Dallas, Texas 2002

Client/*Committente*
The Hockaday School

Architect of Record
Documentazione storica architettonica
Good Fulton & Farrell Architects

Consultants/*Consulenti*
Landscape Architect/*Architettura del paesaggio*
The Office of Chris Miller

Associated Interior Designer
Architettura degli interni
Emily Summers Design

Structural and Civil/*Strutture e opere civili*
Raymond L. Goodson, Jr.

Mechanical/*Impianti meccanici*
Blum Engineers

Technology/*Impianti tecnologici*
O.T.M. Engineering

Lighting/*Impianti illuminazione*
Switch Lighting Design

Acoustical/*Impianti acustici*
Wrightson, Johnson, Haddon and Williams

Project Management/*Direzione lavori*
Andres Construction Services

Construction/*Costruzione*
Andres Construction Services

Photographers/*Fotografi*
Overland Partners

Rendering/*Simulazione tridimensionale*
Jim Arp (pg. 37)

In collaboration with Good, Fulton & Farrell Architects of Dallas, Overland designed a master plan for the Hockaday School, an all-girls academy, integrating a new Academic Research Center, Fine Arts Complex, Lower School Addition and Wellness Center in a scheme that builds upon the architectural precedents of the modernist campus of the 1950s. The new Academic Research Center integrates new technology for library and academic facilities and serves as an active heart for the campus.

The soft curves of the brick walls introduce a sensuous gesture that harmonizes with the rigid orthogonal layout of the existing campus, providing periodic high notes throughout the ensemble of buildings. Aluminum trellises and operable louvers provide precise sunlight control, allowing for extensive indirect daylighting suitable to the Center's resources and activities.

The orientation of the Center within the existing campus takes advantage of an area shaded by live oaks to form a plaza for gathering and a celebrated entry to the Center.

In collaborazione con Good, Fulton & Farrell Architects in Dallas, Overland ha progettato un piano generale per la Hockaday School, accademia femminile, di cui fanno parte un nuovo Centro di ricerca accademica, un complesso per le Belle Arti, una scuola elementare e un Centro Benessere complesso che prevede la realizzazione di nuove costruzioni sopra preesistenze del campus modernista del 1950. Il nuovo Centro di ricerca accademica utilizza nuove tecnologie per la biblioteca e le attrezzature accademiche e funge da cuore pulsante per il campus.

Le morbide curve delle pareti in mattoni introducono un movimento sensuale che si armonizza con la rigida pianta ortogonale del campus esistente, offrendo rilevanti segni alternati lungo tutto l'insieme degli edifici. Frangisole in alluminio dotati di alette orientabili permettono un puntuale controllo della luce del sole, consentendo una durevole illuminazione indiretta, adatta alle risorse e alle attività del Centro.

L'orientamento del Centro all'interno del campus esistente viene enfatizzato da un'area ombreggiata da querce virginiane che dà vita ad una piazza ideale per gli incontri ed al rinomato ingresso al Centro.

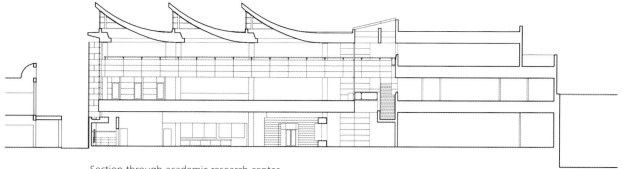

Section through academic research center.
Sezione del centro di ricerca accademica.

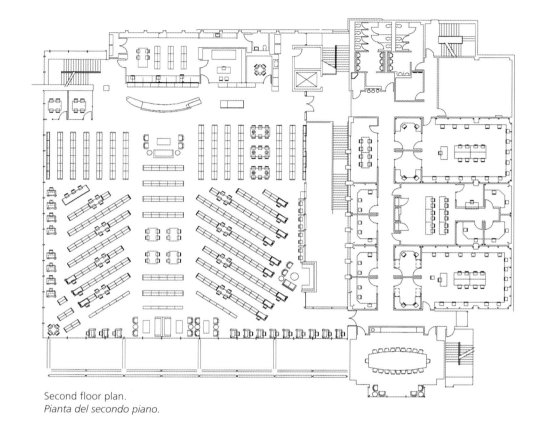

Second floor plan.
Pianta del secondo piano.

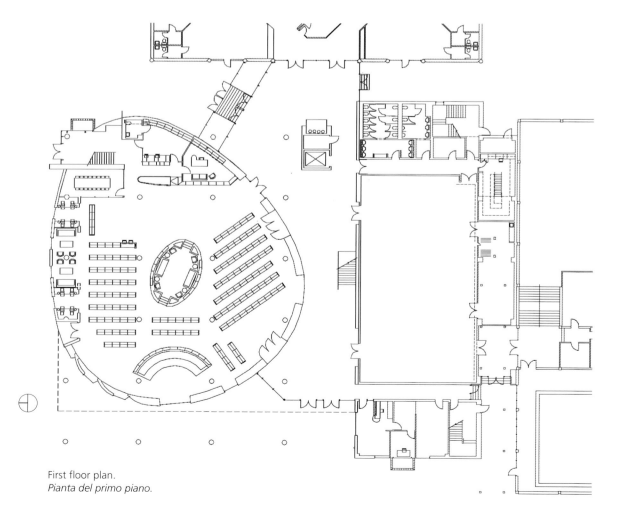

Opening page,
site plan.
*Nella pagina d'apertura,
planimetria generale.*

First floor plan.
Pianta del primo piano.

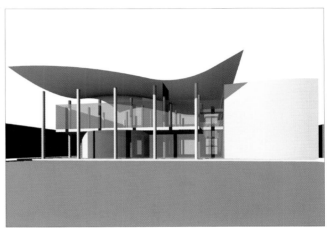

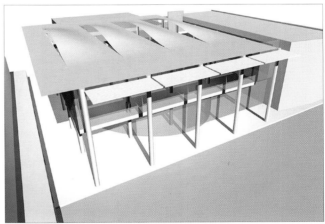

Right, concept development for the Academic Research Center.
A destra, studi progettuali per l'Academic Research Center.

San Antonio Museum of Art

San Antonio, Texas 1991-1998

Master Plan/*Pianificazione generale*
Client/*Committente*
The San Antonio Museum Association

Hops House Rehabilitation
Restauro della Hops House
Client/*Committente*
The San Antonio Museum of Art

Consultants/*Consulenti*
Structural/*Strutture*
Jaster-Quintanilla & Associates, Inc.

Mechanical/*Impianti meccanici*
Schuchart & Associates, Inc.

Civil/*Opere civili*
Sun Belt Engineers

Construction/*Costruzione*
Guido Brothers Construction

Nelson A. Rockefeller Center
for Latin American Art
Client/*Committente*
The San Antonio Museum of Art

Consultants/*Consulenti*
Exhibit Designer
Progettazione allestimenti espositivi
Cliff LaFontaine

Landscape Architect/*Architettura del paesaggio*
The Sage Group

Structural/*Strutture*
Lundy & Franke Engineering

Mechanical/*Impianti meccanici*
Goetting & Associates

Graphics/*Elaborazioni grafiche*
Zeitgraph

Fire and Life Safety/*Sicurezza/Impianti antincendio*
Protection Development

Project Management/*Direzione lavori*
Project Control

Construction/*Costruzione*
Browning Construction

Photographer/*Fotografo*
Paul Bardagjy

Located in the old Lone Star Brewery complex, a property listed on the National Register of Historic Places, the San Antonio Museum of Art has built a world-class collection and museum facility.

In 1991, Overland Partners developed a master plan that would increase the size of the original museum from 78,000 to 148,000 square feet. The first phase of the plan involved the rehabilitation of a historic turn-of-the-century Hops House to accommodate a children's art space and the development of an exterior plaza.

In 1998, the Nelson A. Rockefeller Center for Latin American Art was completed. Designed to house an expanding Latin American art collection, the Center is organized into four distinct galleries, each of which corresponds to the major collections: Pre-Columbian, Spanish Colonial, Folk, and Contemporary Art. Entryways, friezes, and exhibit cases subtly reflect the character of each collection and create a formal context in which to view the works of art. As a balance to the interior focus, the design incorporates the landscape beyond its walls. A sloping, glazed wall frames a vista of the garden and provides carefully controlled natural light. Brick used on the interior of the building strengthens the visual continuity between the galleries and the building's courtyard and other exterior spaces.

Work is currently underway on the Asian Wing expansion, which will provide a new 10,000 square-foot addition for the museum's extensive collection of Chinese, Japanese, and Southeast Asian Art.

Situato nel vecchio complesso della ex-birreria Lone Star, proprietà elencata nel Registro Nazionale dei Siti Storici, il San Antonio Museum of Art ospita una collezione e un complesso museale di livello mondiale.

Nel 1991, Overland Partners ha elaborato un piano generale per aumentare le dimensioni del museo originale da 7.300 metri quadrati a circa 14.000 metri quadrati. La prima fase del progetto prevedeva il restauro di una storica Hops House, risalente agli inizi del ventesimo secolo, per creare uno spazio riservato all'arte dei bambini, nonché lo sviluppo di una piazza esterna.

Nel 1998, venne completato il Nelson A. Rockefeller Center for Latin American Art. Destinato ad accogliere una collezione d'arte latino-americana in espansione, il Centro è organizzato in quattro distinte gallerie, ognuna delle quali corrisponde alle grandi collezioni: precolombiana, coloniale spagnola, delle tradizioni popolari e contemporanea. Gli ingressi, i fregi e le teche riflettono accuratamente le caratteristiche di ogni collezione e creano un contesto formale in cui osservare le opere d'arte. Per bilanciare il centro d'interesse posto all'interno del museo, il progetto mette in risalto il paesaggio al di là delle sue mura. Una parete vetrata ed inclinata consente la veduta del giardino e garantisce una controllata penetrazione della luce naturale. I mattoni usati all'interno dell'edificio rafforzano la continuità visiva tra le gallerie, il cortile dell'edificio stesso e gli altri spazi esterni.

Attualmente, sono in corso di realizzazione i lavori per lo sviluppo dell'ala dedicata all'Asia, che offrirà un ampliamento di ulteriori 9.290 metri quadrati da destinare alla vasta collezione del museo di arte cinese, giapponese e del Sud-est asiatico.

Opening page, street façade of Nelson A. Rockefeller Center for Latin American Art.

Nella pagina d'apertura, facciata sulla strada del Nelson A. Rockefeller Center per l'Arte latino-americana.

Top, view of the courtyard.
In alto, vista del cortile.

Opposite page, historic arch reflected in gallery wall.

Nella pagina a fianco, arco storico riflesso sulla parete della galleria.

Site plan.
Planimetria generale.

Above, garden elevation
at north wall.
*Sopra, prospetto del
giardino nella
parete nord.*

Opposite page from top,
skylight detail at atrium;
sculpture niche at
atrium.

*Nella pagina a fianco
dall'alto, dettaglio
del lucernario nell'atrio,
nicchia per scultura
nell'atrio.*

Opposite page,
view of the atrium.
*Nella pagina a fianco,
vista dell'atrio.*

Right, different views
of the contemporary
gallery.
*A destra, differenti viste
della galleria d'arte
contemporanea.*

Opposite page from
top, Pre-Columbian
gallery; Folk Art gallery.

*Nella pagina a fianco
dall'alto, galleria d'arte
pre-colombiana; galleria
d'arte popolare.*

Above, Spanish
Colonial gallery.
*Sopra, galleria d'arte
coloniale spagnola.*

Lakeside Residence

Horseshoe Bay, Texas 2000

Client/*Committente*
Withheld

Landscape Architect/*Architettura del paesaggio*
Bud Twilley Landscapes
James David (courtyard)

Consultants/*Consulenti*
Structural/*Strutture*
Williams, Schneider, Calvetti

Interior Design/*Arredamento*
Emily Summers Design

Civil Engineering and Testing
Ingegneria civile e Collaudi
Willis-Sherman Associates

Lighting/*Impianti illuminazione*
Archillume Lighting Design

Construction/*Costruzione*
Duecker Construction Company

Photographer/*Fotografo*
Paul Bardagjy

Facing the street as a simple stone landscape wall with buildings tucked behind, this residence responds to the client's request for a "surprise house" that is integrated into the site. The home offers a complex spatial experience among deep shady porches and a courtyard garden that arrives at stone terraces set close to the edge of a constant-level lake. Inspired by a granite outcropping located nearby, vertical concrete blocks emanate from a richly textured cast concrete plinth.

A broad open porch that runs the length of the house unites major interior spaces conceived as three separate pavilions. These allow the house to be occupied in zones, suitable as a getaway for two, or for accommodating a larger group of family and guests. Extensive glazing admits natural light throughout and frames views to the lake. Exterior materials of stone and concrete are brought into the house to further emphasize the blending of inside and outside.

Questa residenza, visibile dalla strada come un semplice muro di pietra inserito nel paesaggio dietro al quale si elevano le costruzioni, risponde all'esigenza del committente di una "casa - sorpresa", integrata nel sito. La casa offre una complessa esperienza spaziale tra porticati ombreggiati e un giardino che arriva fino a terrazze di pietra poste vicino alla riva di un lago. Ispirati a un gruppo di rocce di granito che si stagliano nelle vicinanze, i blocchi verticali di calcestruzzo emanano da una fitta trama di plinti di calcestruzzo gettato in opera. Un ampio porticato che corre lungo la casa unisce i principali spazi interni concepiti come tre padiglioni separati. Ciò consente che la casa sia occupata per zone e, quindi, adatta come luogo di evasione per due persone o per accogliere un gruppo più allargato di familiari ed ospiti. L'utilizzo di ampie vetrate permette alla luce naturale di penetrare in ogni parte e consente una splendida vista del lago. I materiali esterni di pietra e calcestruzzo sono riproposti all'interno della casa per sottolineare ulteriormente l'armonia tra interno ed esterno.

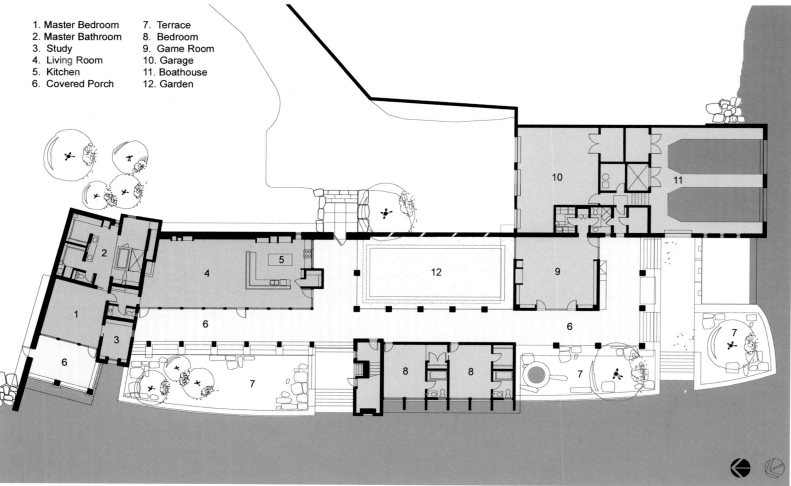

1. Master Bedroom
2. Master Bathroom
3. Study
4. Living Room
5. Kitchen
6. Covered Porch
7. Terrace
8. Bedroom
9. Game Room
10. Garage
11. Boathouse
12. Garden

Opening page,
view from lake.
*Nella pagina d'apertura,
vista dal lago.*

Top, view from south-
west.
*In alto, vista da sud-
ovest.*

Opposite page, top left,
lakeside terrace; top right,
view of the entry; below,
porch with living room
beyond.

*Nella pagina a fianco, in
alto a sinistra, terrazza sul
lago; in alto a destra, vista
dell'ingresso; sotto, portico
con il salotto sul retro.*

Site plan.
Planimetria generale.

Left from top, bedroom
pavilion; bedroom with
lake beyond.
*A sinistra dall'alto,
padiglione-notte;
camera da letto con
il lago sullo sfondo.*

Opposite page, top left,
living room; top right,
interior view of the
study; below, living
room with lake beyond.
*Nella pagina a fianco,
in alto a sinistra,
soggiorno;
in alto a destra, vista
dell'interno dello studio;
sotto, soggiorno con
il lago sullo sfondo.*

Canyon Lake Residence

Canyon Lake, Texas 2003

Client/Committente
Withheld

Drawing inspiration from a cubist painting by Le Corbusier, and the expressed desire of the client to live inside a piece of art, this 3800 square-foot residence constructed of concrete, metal, wood, and extensive glazing, rests on a narrow, sloping site on the banks of Canyon Lake. The three-story house is conceived as an extrapolation of layers derived from the painting, while responding to the natural influences of the site, including view, orientation, and breezes. Individual elements in the still life painting inspire the form and arrangement of spaces in the house. A primary goal of the client, who is a pilot, was to be able to view the house while in flight as a three dimensional interpretation of the painting. The roof garden replaces the ground plane inspired by Le Corbusier's *Villa Savoye*, uniting the natural and man-made.

Ispirata a un dipinto cubista di Le Corbusier e rispondente al desiderio chiaramente espresso dal committente di vivere all'interno di un'opera d'arte, questa residenza di circa 350 metri quadrati costruita in calcestruzzo, metallo, legno e ampie vetrate si adagia su un sito stretto e degradante sulle rive del lago Canyon. La costruzione a tre piani è concepita come un'estrapolazione di livelli, in sintonia con il quadro, pur tenendo conto delle influenze naturali del sito, quali il paesaggio, l'orientamento e i venti. Singoli elementi di natura morta del dipinto ispirano la forma e la sistemazione degli spazi nella casa. Una delle richieste principali del committente, che è un pilota, era di poter vedere la casa, mentre si trovava in volo, come un'interpretazione tridimensionale del dipinto. Il giardino pensile sostituisce il piano terra ispirandosi a Villa Savoye *di Le Corbusier e attenua la distinzione tra oggetti naturali e oggetti prodotti dall'uomo.*

Oil on canvas, 45 x 57½ inches. 1922.

Line diagram of the painting.
Diagramma degli schizzi.

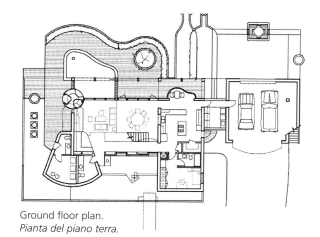

Ground floor plan.
Pianta del piano terra.

Entry floor plan.
*Pianta del piano
di ingresso.*

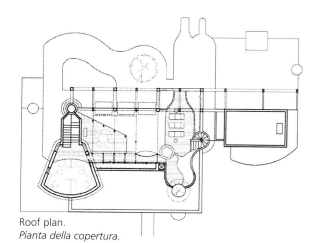

Roof plan.
Pianta della copertura.

Opening page, view
from north-west.
*Nella pagina d'apertura,
vista da nord-ovest.*

Above, painting studies.
Sopra, schizzi.

56

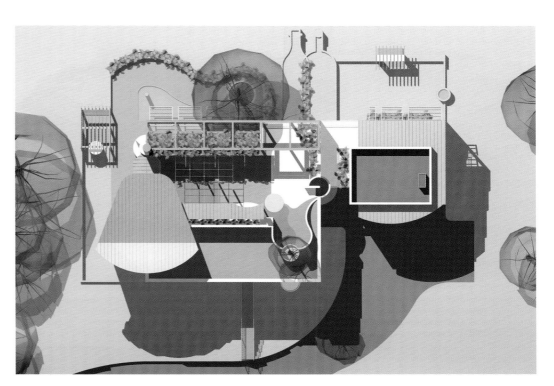

Site plan.
Planimetria generale.

Overall view.
Vista d'insieme.

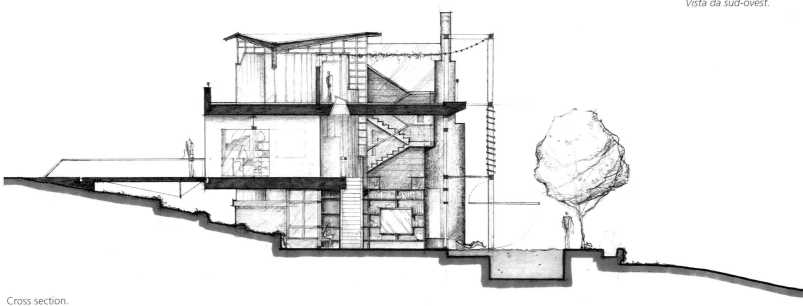

View from south-west.
Vista da sud-ovest.

Cross section.
Sezione trasversale.

Grand Canyon Transit Centers

Tusayan and Grand Canyon National Park, Arizona 2004

Client/*Committente*
Grand Canyon National Park/National Park Service

Consultants/*Consulenti*
Project Management/*Direzione lavori*
National Park Service, Denver Service Center

Landscape Architect/*Architettura del paesaggio*
Murase Associates

Site Planning/*Piano di sviluppo dell'area*
Shapins Associates

Transportation Planning/*Pianificazione trasporti*
BRW

Pedestrian Utilization Specialist
Sistemi di utilizzazione percorsi pedonali
ORCA

Vehicle System Specialist/*Sistemi di trasporto*
Lea+Elliot

Structural/*Strutture*
Architectural Engineers Collaborative
Lundy & Franke Engineering

Mechanical/*Impianti meccanici*
Goetting & Associates

HVAC Design, Plumbing Fixture
*Progettazione impianti aria condizionata
e idraulici*
Rumsey Engineers

Building and Site Lighting Design
*Progettazione impianti illuminazione
interni/esterni all'edificio*
Clanton & Associates

Code Compliance/*Conformità normativa*
Protection Development

Cost Estimating/*Preventivazione*
Busby & Associates

Sustainable Design Strategies
Strategie di progettazione sostenibile
Overland Partners

Photographers/*Fotografi*
Overland Partners

In partnership with the National Park Service's Denver Service Center, Overland Partners is currently designing a new visitor entry and two transit centers for Grand Canyon National Park. The centers, located respectively in the town of Tusayan and in the heart of Grand Canyon Village, will have the capacity to transport 8,000 people an hour, and will orient and educate the millions of visitors who annually experience this national treasure. Responding to the initiative of a new general management plan to remove automobile traffic from the park and to create a more enriching experience in nature, the design of the transit centers maximizes the buildings' sustainability and provides learning opportunities for visitors. Emphasis is placed on revealing sustainable solutions, including power generation through photovoltaic systems, water harvesting, a gray water treatment retrieval system, vegetated roofs, native planting, natural ventilation and waterless toilets. The centers maintain the utmost sensitivity to the natural and cultural resources of the sites, which include an elk habitat and migration trail, and the archeological remains of a Tusayan Indian site.

*In associazione con il National Park Service's Denver Service Center, Overland Partners è attualmente impegnata nella progettazione di un nuovo ingresso per visitatori e di due centri di trasporto per il Grand Canyon National Park. I centri, ubicati rispettivamente nella città di Tusayan e nel cuore del Grand Canyon Village, avranno la capacità di trasportare 8.000 persone all'ora, orientando e guidando i milioni di visitatori che annualmente hanno la fortuna di ammirare questo tesoro nazionale. In linea con l'iniziativa del nuovo piano generale di gestione, che intende rimuovere il traffico automobilistico dal parco e creare un maggior e più intenso contatto con la natura, il progetto dei centri di trasporto enfatizza la sostenibilità delle costruzioni e cerca di offrire nuove opportunità di apprendimento ai visitatori.
Si dà grande risalto ad evidenziare molte soluzioni sostenibili, quali la produzione di energia elettrica attraverso sistemi fotovoltaici, la raccolta dell'acqua, un sistema di recupero e trattamento delle acque reflue, coperture sistemate a verde, la disposizione di piante locali, la ventilazione naturale, e bagni chimici. I centri garantiscono il massimo rispetto delle risorse naturali e culturali del luogo, che includono l'habitat per l'alce e il suo percorso di migrazione nonché i resti archeologici del sito indiano di Tusayan.*

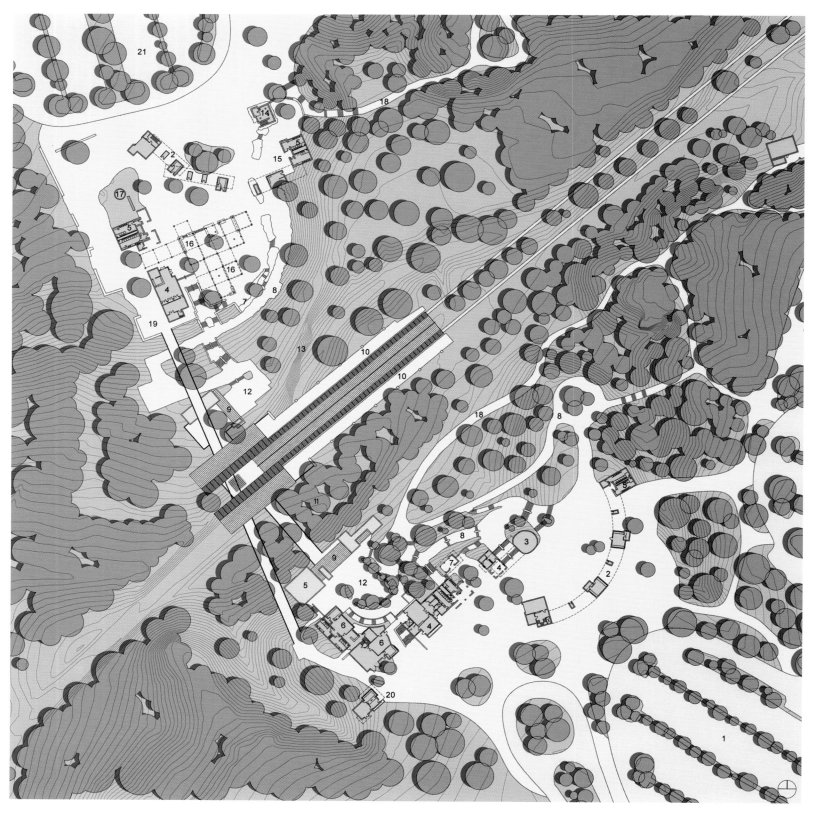

Opening page, view from east, Tusayan Station.
Nella pagina d'apertura, vista da est, Tusayan Station.

Site plan, Tusayan Station.
Planimetria generale, Tusayan Station.

1. EAST SIDE PARKING
2. TICKETING STRUCTURE
3. WATER TOWER
4. VISITOR SERVICE BUILDINGS
5. RESTROOMS
6. TRANSIT CENTER SERVICE BUILDING
7. OVERLOOK
8. WINDING PATHWAYS TO LOWER PLAZA
9. TURN STILES
10. TRAIN PLATFORMS
11. PINE FOREST ENTRY PRESERVE
12. LOWER PLAZA
13. CLIFF / GABMLE OAK PRESERVE
14. PHOTO OPPORTUNITY
15. GROUP ENTRY / PLAZA
16. SHADE STRUCTURE / COOL TOWER
17. CISTERN
18. GREENWAY CONNECTION
19. EXIT BRIDGE
20. GIFT / MERCHANDISING PICK UP
21. WEST SIDE PARKING

North section/elevation, Tusayan Station.

Prospetto/sezione nord, Tusayan Station.

60

Section at train platform.
*Sezione sulla banchina
della stazione.*

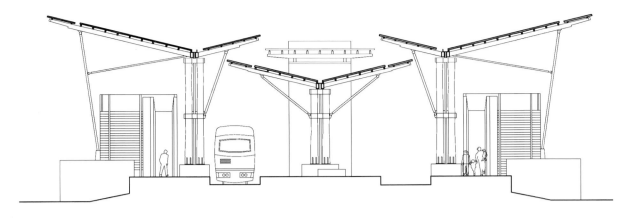

Right from top, view
of the platform; detail
of the canopy.
*A destra dall'alto,
vista della banchina;
dettaglio della pensilina.*

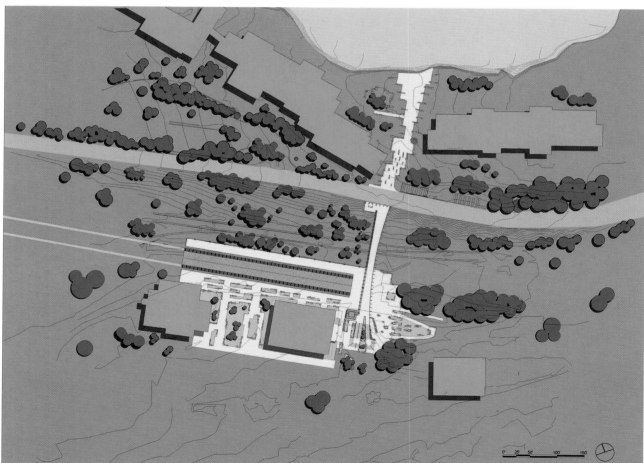

Above, view from west,
Tusayan Station.
Sopra, vista da ovest,
Tusayan Station.

Site plan, Village Station.
Planimetria generale,
Village Station.

Above,
view of the platform
at Village Station.
*Sopra, vista della
banchina presso Village
Station.*

Riverbend Church

Austin, Texas 1998

Client/*Committente*
Riverbend Church

Associated Architect/*Architettura*
Heather H. McKinney Architects

Consultants/*Consulenti*
Landscape Architect/*Architettura del paesaggio*
Planned Environments

Structural/*Strutture*
Lundy & Franke Engineering

Mechanical, Electrical, Plumbing
Impianti meccanici, elettrici, idraulici
Goetting & Associates

Civil/*Opere civili*
Murfee Engineering

Acoustical/*Sistemi acustici*
Boner Associates

Audio Visual/*Sistemi audiovisivi*
Associates and Crews

Energy/Daylighting
Studi energetici/Illuminazione diretta
L.M. Holder, III

Construction/*Costruzione*
Faulkner Construction

Photographers/*Fotografi*
Paul Bardagjy (pgs. 66-69),
Atelier Wong (pgs. 64, 67 bottom right)

Drawing inspiration from Classical stone amphitheaters, a hill country sanctuary positioned at the edge of a steep precipice serves a growing contemporary Christian community with unusual programmatic needs. The amphitheater shape meets the congregation's objective to seat a large number of people, and also be welcoming to those who might shun traditional worship environments. Though almost 4,500 people can be accommodated, the design of the seating ensures that no one is more than 90 feet from the stage, and creates a visually dynamic interior space in dialogue with the exterior terrain of the Texas Hill Country. A large arched window, inspired by a rainbow seen at the site after an early spring rain, frames a view of the adjacent ravine, creating a backdrop for spiritual celebrations and dramatic performances. Aiming for versatility in the design, full television broadcast and production facilities, as well as state of the art theatrical and performance technology, allow the space to accommodate worship, drama, public concerts, and symphony performances. The natural setting is the genesis for the earthy palette of materials, including wood, limestone, sandstone, and metal, that is used throughout the building.

Ispirandosi agli anfiteatri classici in pietra, il santuario, che si erge su un territorio collinoso e al bordo di un profondo precipizio, è al servizio delle particolari esigenze programmatiche di una crescente comunità cristiana. La forma dell'anfiteatro va incontro all'obiettivo della congregazione di permettere a un gran numero di persone di stare sedute e di accogliere tutti coloro che rifuggono dagli ambienti sacri tradizionali. Sebbene possano essere accomodate 4.500 persone, il progetto delle sedute garantisce che nessuna di queste disti dal palcoscenico più di 27,5 metri e crea uno spazio interno dinamico in armonia con il territorio del Texas Hill Country. Un'ampia finestra ad arco, ispirata a un arcobaleno apparso nel luogo dopo una pioggia di inizio primavera, offre la vista dell'adiacente burrone, creando uno sfondo per le celebrazioni spirituali e le rappresentazioni teatrali. Grazie alla flessibilità prevista nella progettazione, alle trasmissioni televisive e alle attrezzature di produzione, nonché alle moderne tecnologie teatrali, lo spazio è in grado di accogliere rappresentazioni religiose, teatrali, concerti pubblici e sinfonici. Lo scenario naturale è la genesi di una vasta gamma di materiali, tra cui il legno, il calcare, la pietra arenaria e il metallo, utilizzati in tutto l'edificio.

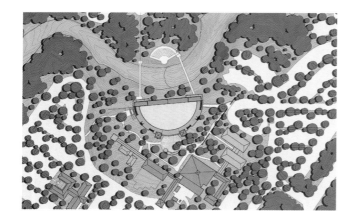

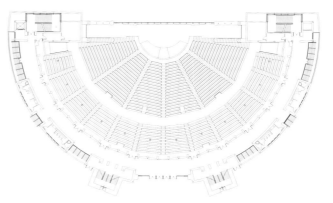

Site plan.
Planimetria generale.

Auditorium floor plan.
Pianta del livello auditorium.

Opening page, entry approach.
Nella pagina d'apertura, avvicinamento all'ingresso.

Left from top, entry courtyard; auditorium interior with hills beyond.
A sinistra dall'alto, cortile d'ingresso; interno dell'auditorium con le colline sullo sfondo.

Opposite page above, view of the side entry; bottom left, detail of entry tower; bottom right, interior of entry tower.
Nella pagina a fianco sopra, vista del lato d'ingresso; in basso a sinistra, dettaglio della torre d'ingresso; in basso a destra, interno della torre d'ingresso.

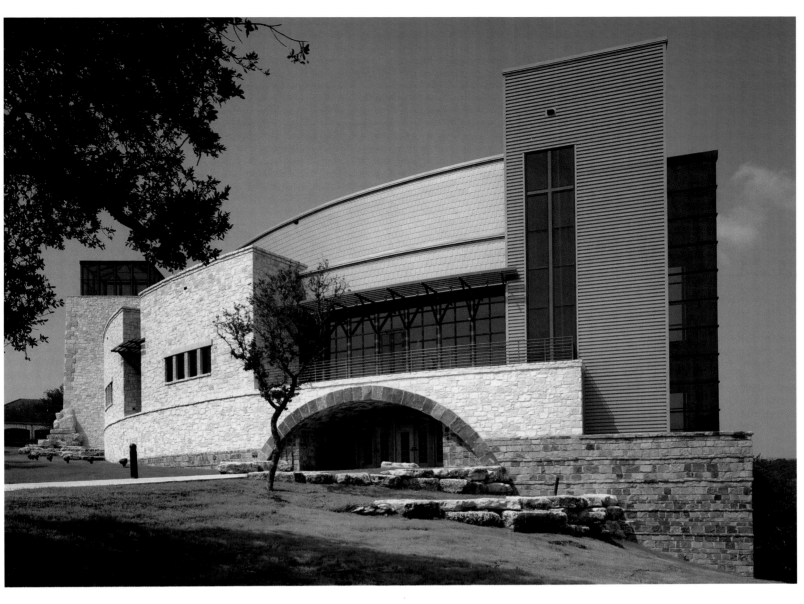

Above from top,
north view from ravine;
auditorium interior.

Sopra dall'alto,
vista a nord dal burrone;
interno dell'auditorium.

Opposite page,
view from stage
platform in auditorium.

Nella pagina a fianco,
vista dal palcoscenico
dell'auditorium.

Corinth Civil War Interpretive Center

Shiloh National Military Park, Corinth, Mississippi 2002

Client/*Committente*
Shiloh National Military Park
The National Park Service

Consultants/*Consulenti*
Project Management/*Direzione lavori*
National Park Service, Denver Service Center

Exhibit Design/Wayfinding
*Progettazione allestimenti
espositivi/Individuazione usanze e costumi*
The Planning, Research, and Design Group

Landscape Architect/*Architettura del paesaggio*
EDAW

Structural/*Strutture*
Lundy & Franke Engineering

Civil/*Opere civili*
Scott Engineering

Mechanical/*Impianti meccanici*
Goetting & Associates

Cost Estimating/*Preventivi*
Busby & Associates

Sustainable Design Strategies
Strategie di progettazione sostenibile
Overland Partners

Photographers/*Fotografi*
Overland Partners

A joint project between the National Park Service and the Corinth Siege and Battle Commission, the Corinth Civil War Interpretive Center commemorates the critical role Corinth, Mississippi, played in the Civil War due to its location at the juncture of two railroad lines that linked the Confederacy. These lifelines were the strategic objective of three major battles. Victory in these engagements by Union forces marked the beginning of the end of the war. Critically, the establishment of the first and largest contraband camp at Corinth initiated the transition to freedom for tens of thousands of African American slaves.

An assembly of low-rising masonry buildings with extensive glazing contain exhibits and frame key views to the restored landscape of adjacent battlefields. Six major themes, including the role of the railroad, the role of Earthworks and Fortifications, the African American experience, Corinth as a Military Learning Ground, the Shiloh-Corinth Corridor, and America Before and After the Civil War are explored in programs at the Center. Located at the Battery Robinett site, adjacent to downtown Corinth, the Center orients visitors to sites throughout the town of Corinth and serves as the gateway to Civil War sites throughout the Western Theater.

Frutto di un progetto comune tra il National Park Service e la Corinth Siege and Battle Commission, il Corinth Civil War Interpretive Center commemora il ruolo fondamentale che Corinth, nel Mississippi, ha svolto nella Guerra Civile a motivo della sua ubicazione nel punto di connessione delle due linee ferroviarie che collegavano la Confederazione. Queste linee di comunicazione di importanza vitale costituirono l'obiettivo strategico di tre grandi battaglie. La vittoria in questi combattimenti conseguita dalle forze dell'Unione ha segnato l'inizio della fine della guerra. La creazione, a Corinth, del primo e più vasto campo di schiavi negri fuggitivi ha dato inizio al processo di transizione verso la libertà di decine di migliaia di schiavi afro-americani.

Un insieme di edifici bassi in muratura dotati di vaste vetrature contiene raccolte di oggetti esposti e consente la vista del paesaggio ripristinato dei vicini campi di battaglia. Nel Centro sono approfonditi sei principali temi: il ruolo della ferrovia, il ruolo dei terrapieni e delle fortificazioni, l'esperienza afro-americana, Corinth come base di scuola militare, il Corridoio Shiloh-Corinth e l'America prima e dopo la Guerra Civile. Ubicato presso Battery Robinett e nei pressi del centro di Corinth, il complesso indirizza i visitatori ai luoghi dell'intera città di Corinth e costituisce l'ingresso ai siti della Guerra Civile in tutta la zona occidentale.

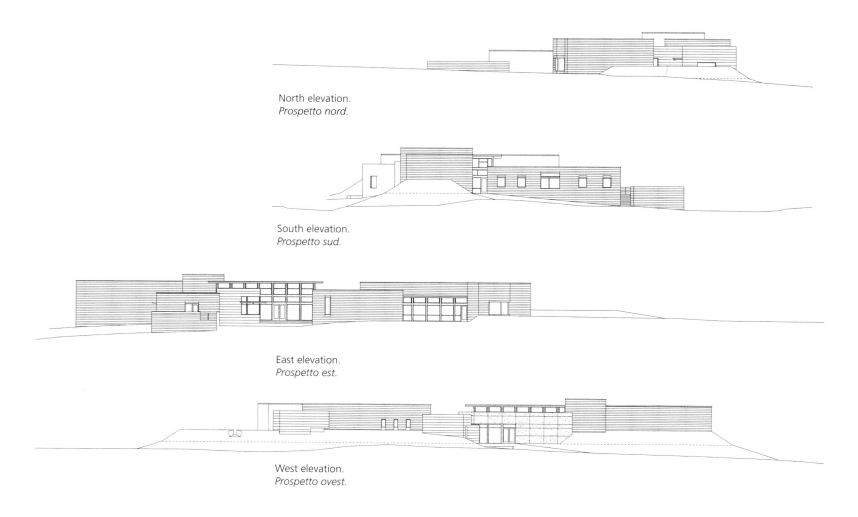

North elevation.
Prospetto nord.

South elevation.
Prospetto sud.

East elevation.
Prospetto est.

West elevation.
Prospetto ovest.

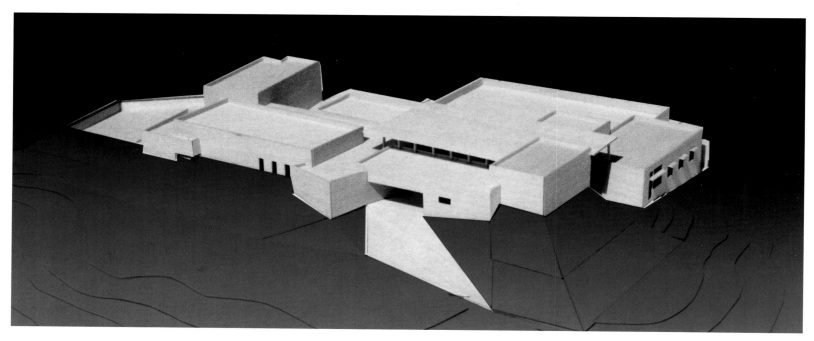

View from west.
Vista da ovest.

Opening page,
view of entry approach
to Center.
*Nella pagina d'apertura,
vista dell'ingresso
al Centro.*

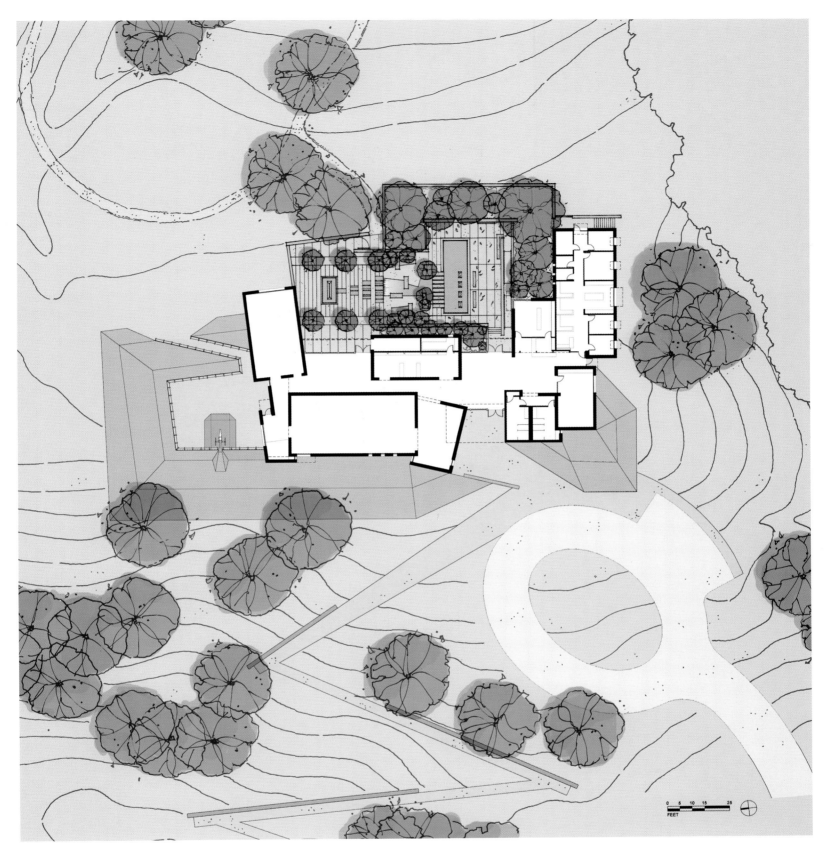

Site plan.
Planimetria generale

Wildlife Experience Center

Denver, Colorado 2002

Located just south of Denver, Colorado, the Wildlife Experience Center integrates educational programming, interpretive exhibits, and wildlife art to promote an understanding of man's relationship with animals throughout history. By engaging visitors in an interactive experience, the Center cultivates a deep appreciation of the world of animals, as well as man's interdependence in the natural world. The Center provides a forum for research and intellectual discourse, a dynamic extended classroom for educating school-aged children, and serves as a place to inspire visitors of all ages. It is also a venue for special events such as fundraising banquets and social gatherings, serving as a heart for the surrounding community and a refuge from impending suburban development.

In collaboration with local Denver firm Klipp, Colussy, Jenks, DuBois Architects, Overland has led the design of phase I of the project, a 100,000 square-foot facility that incorporates a theater, galleries, café, gift shop, and support areas for large-scale gatherings. A 50,000 square-foot phase II addition is planned to provide additional space for galleries and education. Designed to be harmonious with the land, the building is organized around a central exterior courtyard. Circulation and gallery spaces, as well as support functions, are accommodated in two main public levels and a basement level. The architectural character of the museum is distinguished by horizontal layers, which express a primal connection to the geology of the specific landscape. The building utilizes substantial materials that will weather elegantly over time. The Center is a legacy to the relationship between man and wildlife, seeking solutions to the challenges that confront our sustained coexistence.

Situato a sud di Denver, in Colorado, il Wildlife Experience Center integra progetti educativi, mostre interpretative e arte di vita selvaggia, per favorire la comprensione del rapporto dell'uomo con gli animali, nel corso della storia. Coinvolgendo i visitatori in un'esperienza interattiva, il Centro valorizza l'apprezzamento del mondo degli animali nonché l'interdipendenza dell'uomo con essi nel mondo naturale. Offre un forum per la ricerca e gli scambi intellettuali, un'estesa aula funzionale per l'insegnamento dei ragazzi in età scolare e serve da luogo per ispirare visitatori di tutte le età. Costituisce inoltre un punto di ritrovo per eventi speciali, quali feste per raccolte di fondi e incontri sociali, fungendo sia da centro pulsante per la comunità circostante che da rifugio da un incombente sviluppo suburbano.

In collaborazione con lo studio di Denver, Klipp, Colussy, Jenks, DuBois Architects, Overland ha realizzato il progetto per la prima fase del progetto, un complesso di circa 9.300 metri quadrati che comprende un teatro, gallerie, caffetteria, un negozio di oggettistica e aree a supporto per incontri di notevole entità. Una seconda fase di ulteriori 4.600 metri quadrati circa è stata progettata per aumentare lo spazio delle aree espositive ed educative. Ideata per essere in armonia con il territorio, la costruzione si sviluppa attorno a un cortile centrale esterno. Gli spazi dedicati alla circolazione dei visitatori e alle gallerie, così come avviene per le funzioni di supporto, sono ubicati nei due principali livelli aperti al pubblico e in un livello interrato. La caratteristica architettonica del museo è costituita da piani orizzontali che sono in perfetta sintonia con la geologia e il paesaggio del luogo. L'edificio utilizza materiali resistenti, destinati a durare nel tempo. Il Centro costituisce un'eredità per il rapporto che esiste tra l'uomo e la natura, nella ricerca di soluzioni alle sfide che mettono a confronto la nostra prolungata coesistenza.

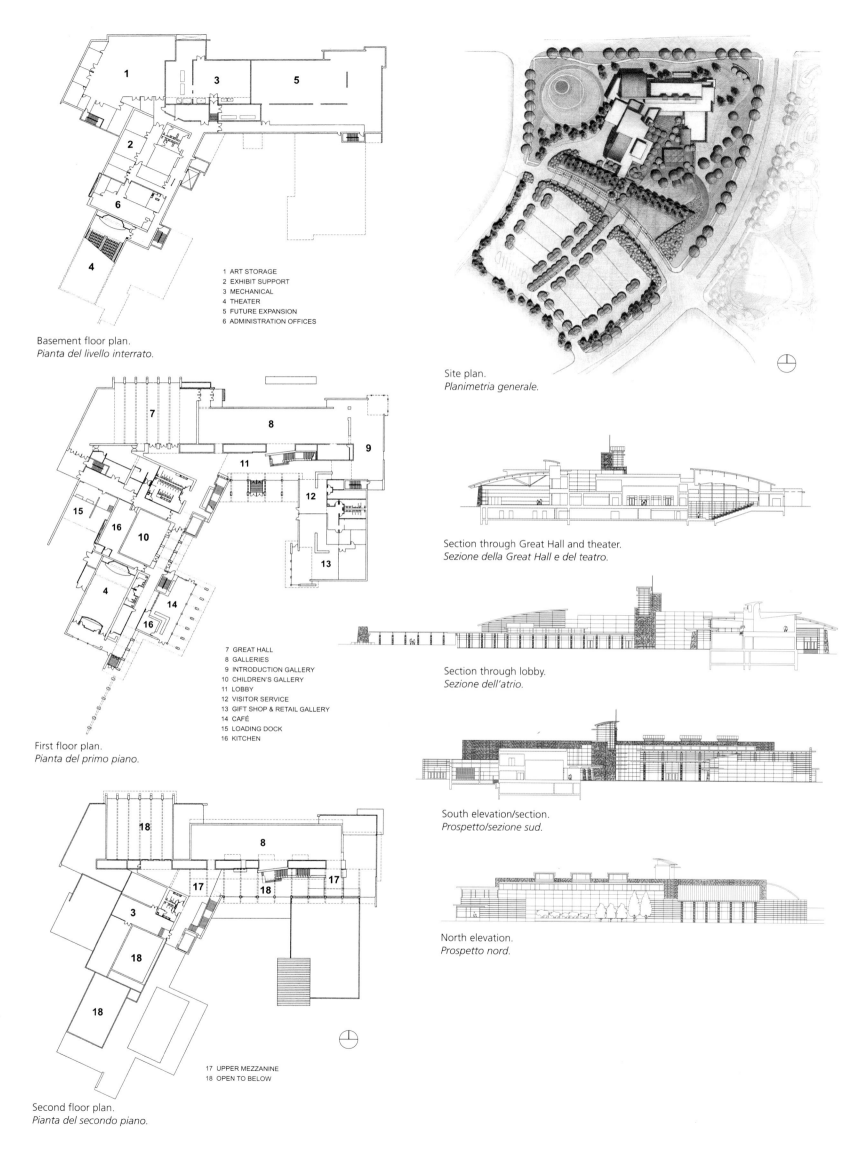

1 ART STORAGE
2 EXHIBIT SUPPORT
3 MECHANICAL
4 THEATER
5 FUTURE EXPANSION
6 ADMINISTRATION OFFICES

Basement floor plan.
Pianta del livello interrato.

Site plan.
Planimetria generale.

7 GREAT HALL
8 GALLERIES
9 INTRODUCTION GALLERY
10 CHILDREN'S GALLERY
11 LOBBY
12 VISITOR SERVICE
13 GIFT SHOP & RETAIL GALLERY
14 CAFÉ
15 LOADING DOCK
16 KITCHEN

First floor plan.
Pianta del primo piano.

Section through Great Hall and theater.
Sezione della Great Hall e del teatro.

Section through lobby.
Sezione dell'atrio.

South elevation/section.
Prospetto/sezione sud.

North elevation.
Prospetto nord.

17 UPPER MEZZANINE
18 OPEN TO BELOW

Second floor plan.
Pianta del secondo piano.

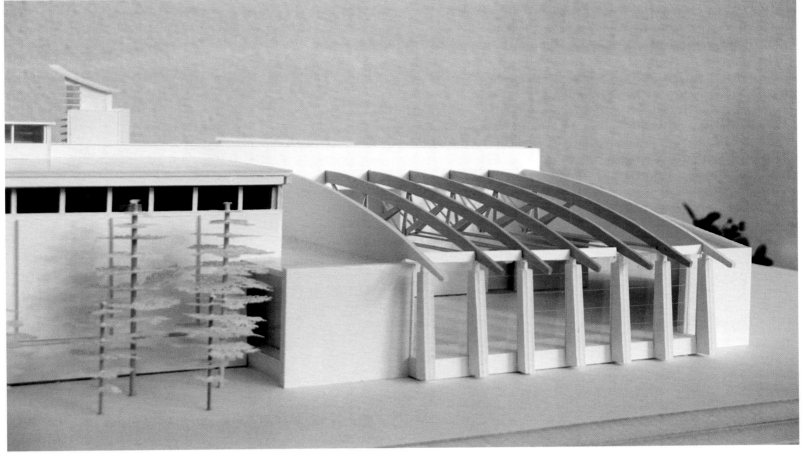

Opening page,
aerial view at dusk.
*Nella pagina d'apertura,
vista aerea al
crepuscolo.*

Above from top,
view of entry approach;
curved roof of Great Hall.
*Sopra dall'alto,
vista dell'ingresso;
struttura curva del tetto
della Great Hall.*

School of Architecture and Landscape Architecture Pennsylvania State University

State College, Pennsylvania 2003

Client/*Committente*
Pennsylvania State University

Architect of Record
Documentazione storica architettonica
WTW Architects

Consultants/*Consulenti*
Landscape Architect (Design)
Architettura del paesaggio (Progettazione)
Murase Associates

Landscape Architect of Record
Architettura del paesaggio (Documentazione storica)
LaQuatra Bonci Associates

Structural and MEP
Strutture e Impianti meccanici/Elettrici/Idraulici
Arup

Photographers/*Fotografi*
Overland Partners

The new School of Architecture and Landscape Architecture at Pennsylvania State University will unify the departments of architecture and landscape architecture, creating an ennobling and flexible learning environment that establishes new precedents for design in the information/ecological age. Designed to be accessible 24 hours a day, the new SALA will not only provide a world-class facility for its curriculum, but also create a vibrant center of life for the entire arts sub-campus.

Architecture and landscape knit together major pedestrian pathways that traverse the site and establish a relationship with Hort Woods, the only remaining woodlands on the campus. Designed to be adaptable to seasonal variables, the SALA also provides flexibility in space configurations. Conceived as a responsive machine, the narrow plan and extensive glazing allow maximum daylight into the building. A mechanical cross ventilation system responds to changes in building temperature, maintaining an optimum air quality. The shaft of an adjacent water tower, one of two located on the campus, is engaged with the building to create a thermal chimney. The school's first major comprehensive attempt at sustainable design, it is also the first to involve a significant format for public participation and feedback including charettes, public presentations, and a web site.

La nuova School of Architecture and Landscape Architecture dell'Università dello stato di Pennsylvania unificherà i dipartimenti di architettura e architettura del paesaggio, creando un ambiente versatile e di alto livello per l'apprendimento, che costituirà nuovi precedenti per la progettazione nell'era dell'informazione e dell'ecologia. Ideata per essere accessibile 24 ore su 24, la nuova SALA non soltanto offrirà un'infrastruttura di livello mondiale ma creerà anche un centro vibrante di vita per le attività umanistiche dell'intero complesso universitario.

Architettura e paesaggio si uniscono con i principali sentieri pedonali che attraversano il sito e stabiliscono un rapporto con Hort Woods, l'unico luogo boschivo del campus. Progettata per essere adattabile alle variazioni climatiche stagionali, la SALA offre anche flessibilità nelle configurazioni spaziali. Concepita come una macchina intelligente, con la stretta planimetria e l'uso esteso di vetrature, consente la massima penetrazione della luce all'interno. Un sistema meccanico di ventilazione trasversale risponde ai cambiamenti di temperatura nell'edificio, mantenendo un ottimo livello di qualità dell'aria. Il fusto di una torre piezometrica, una delle due presenti nel campus, contribuisce con l'edificio a creare uno scambio termico. Primo e principale tentativo di una progettazione sostenibile nell'ambito scolastico, il complesso è anche la prima significativa struttura a coinvolgere la partecipazione pubblica e il feedback attraverso presentazioni pubbliche e sito internet.

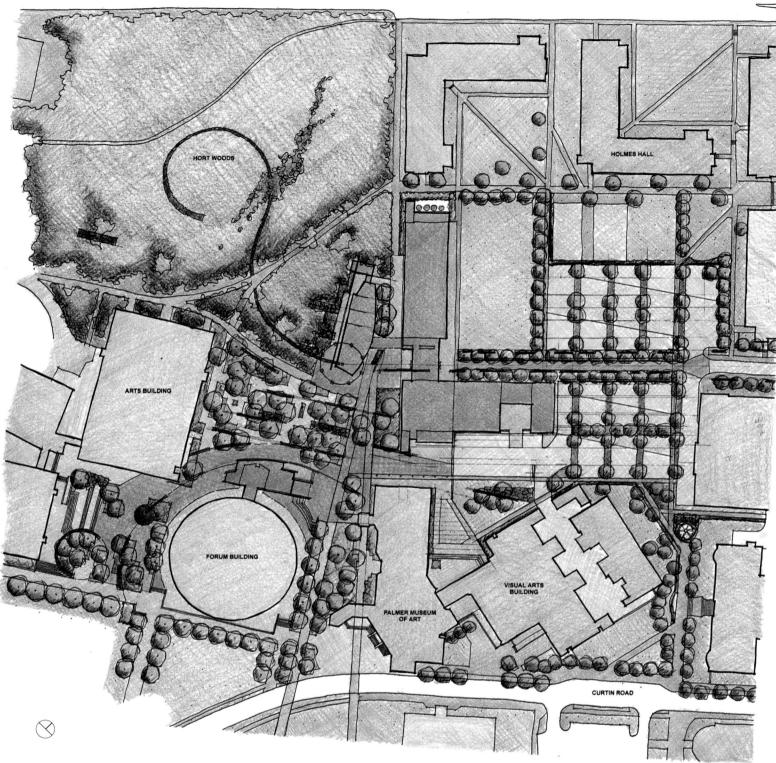

Site plan.
Planimetria generale.

Opening page, aerial
view from south-west
with water tower
in foreground.

*Nella pagina d'apertura,
vista aerea da sud-ovest
con la torre piezometrica
in primo piano.*

Conceptual building
section.
*Sezione dell'edificio
a livello preliminare.*

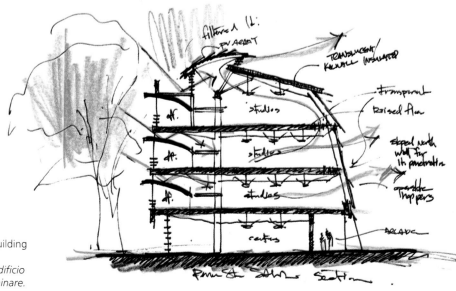

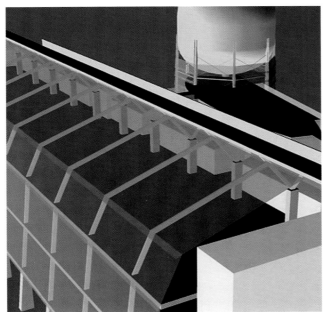

Top clockwise,
south elevation study
of water tower; linkage
to water tower; north
elevation, roof study.
*Dall'alto in senso orario,
studio del prospetto sud
della torre piezometrica;
collegamento alla torre
piezometrica; prospetto
nord, studio della
copertura.*

Right, conceptual
sketches.
*A destra, disegni
preliminari.*

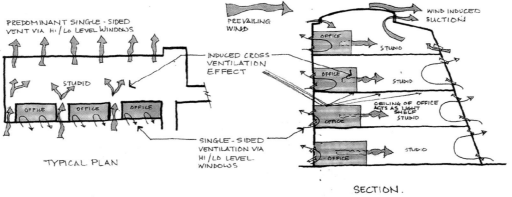

PREDOMINANT SINGLE-SIDED
VENT VIA HI/LO LEVEL WINDOWS

STUDIO

OFFICE   OFFICE   OFFICE

TYPICAL PLAN

PREVAILING WIND

WIND INDUCED SUCTION

INDUCED CROSS
VENTILATION
EFFECT

OFFICE   STUDIO

OFFICE   STUDIO

CEILING OF OFFICE
ACTS AS LIGHT
SHELF

OFFICE   STUDIO

SINGLE-SIDED
VENTILATION VIA
HI/LO LEVEL
WINDOWS

OFFICE   STUDIO

SECTION.

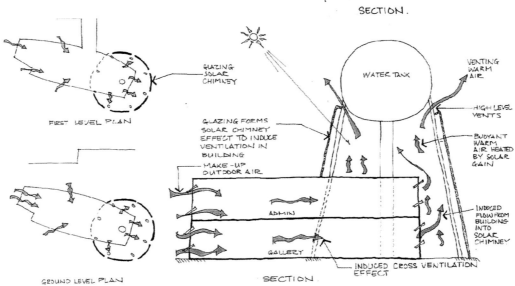

FIRST LEVEL PLAN

GLAZING
SOLAR
CHIMNEY

GROUND LEVEL PLAN

WATER TANK

VENTING
WARM
AIR

GLAZING FORMS
SOLAR CHIMNEY
EFFECT TO INDUCE
VENTILATION IN
BUILDING

MAKE-UP
OUTDOOR AIR

ADMIN

GALLERY

HIGH LEVEL
VENTS

BUOYANT
WARM
AIR HEATED
BY SOLAR
GAIN

INDUCED
FLOW FROM
BUILDING
INTO
SOLAR
CHIMNEY

INDUCED CROSS VENTILATION
EFFECT

SECTION

Bracken Bat Cave Nature Reserve

Bracken, Texas 2004

Client/*Committente*
Bat Conservation International

Consultants/*Consulenti*
Exhibit Designer/Graphic Consultant
Progettazione allestimenti espositivi/
Consulenza grafica
The Douglas Group

Structural/*Strutture*
Architectural Engineers Collaborative

Mechanical, Electrical, Plumbing
Impianti meccanici, elettrici, idraulici
Blum Engineers

Civil/*Opere civili*
Pape-Dawson Engineers

Audio/Visual/*Sistemi audiovisivi*
Wrightson, Johnson, Haddon & Williams

Project Management/*Direzione lavori*
Project Control

Photographers/*Fotografi*
Overland Partners

The site of the world's largest colony of mammals is the home to a new visitor/interpretive center and nature reserve, and a premiere example of sustainable design in Texas. The primary venue for research by Bat Conservation International, the Bracken Bat Cave Nature Reserve allows people to view the nightly emergence of 40 million Mexican free-tail bats from Bracken Cave. The creation of the reserve ensures the protection of an integral natural habitat and affords a rare opportunity to educate visitors about habitat conservation. With buildings that evoke the form, mystery, and environment of the bat cave, the visitors' center itself models resource conservation, employing an integrated water processing system that includes water harvesting, gray water retrieval, and a living system (an on-site biological wastewater treatment) for efficient water usage and protection of the Edwards' Aquifer, which lies below the site.

L'area in cui si trova la più vasta colonia di pipistrelli del mondo è sede di un nuovo centro interpretativo per visitatori e di una riserva naturale che costituisce un esempio di alto livello progettazione sostenibile nel Texas. Principale luogo di incontro per la ricerca, voluto dalla Bat Conservation International, la Bracken Bat Cave Nature Reserve consente alle persone di osservare l'uscita notturna di 40 milioni di pipistrelli del tipo messicano dalla Bracken Cave. La creazione della riserva garantisce la protezione di un habitat naturale intatto e offre una rara opportunità per educare i visitatori alla conservazione dell'habitat stesso. Con costruzioni che evocano la forma, il mistero e l'ambiente di una caverna di pipistrelli, il Centro persegue la conservazione della risorsa, impiegando un sistema integrato di trattamento dell'acqua, che include la raccolta della stessa, il recupero delle acque reflue ed un sistema continuo (un impianto in sito di trattamento biologico delle acque reflue) per l'uso efficiente dell'acqua e la protezione delle falde acquifere sotterranee del bacino dell'Edwards.

Opening page,
entry view.
*Nella pagina d'apertura,
vista dell'ingresso.*

Above, aerial view from
south-west with gift
shop roof in foreground
and tree canopy
walkway at rear.

*Sopra, vista aerea da
sud-ovest con la
copertura del negozio
di oggettistica in primo
piano e il camminamento
protetto dagli alberi,
sul retro.*

Section through
aquifer room and
amphitheater.

*Sezione della zona
acquifera e
dell'anfiteatro.*

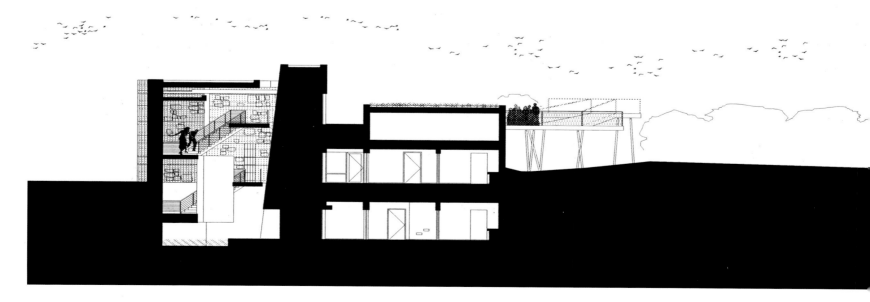

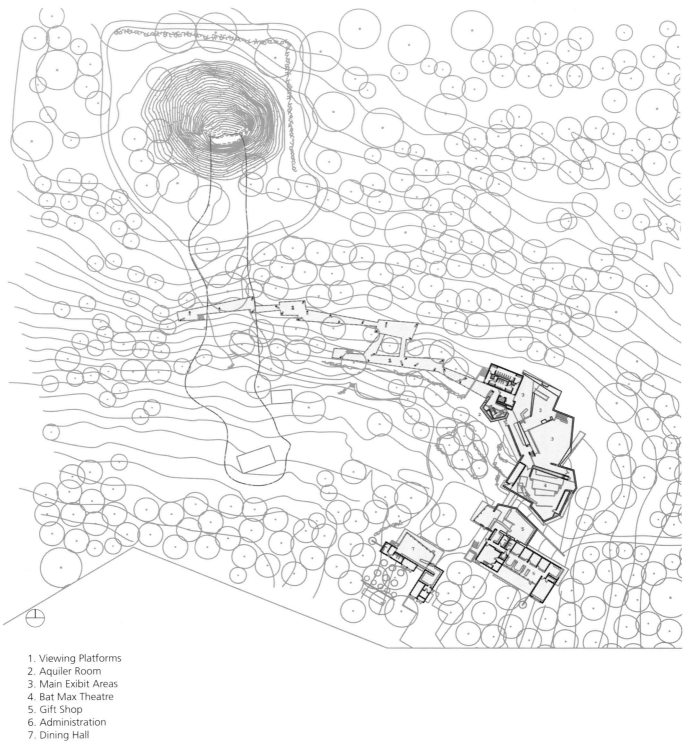

Site plan.
Planimetria generale

1. Viewing Platforms
2. Aquiler Room
3. Main Exibit Areas
4. Bat Max Theatre
5. Gift Shop
6. Administration
7. Dining Hall

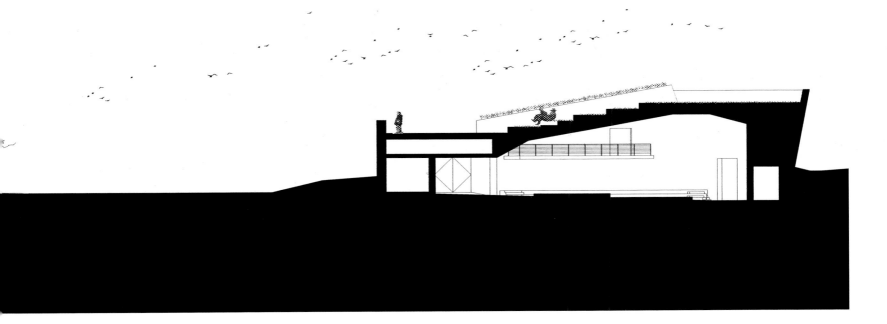

Above, model view with
cave in foreground.
*Sopra, vista del modello
con la caverna in primo
piano.*

Above, aerial view
from south with rooftop
amphitheater and
courtyard below.
*Sopra, vista aerea
da sud con la copertura
dell'anfiteatro ed
il cortile sotto.*

Section showing
relationship of cave and
visitor center.

*Sezione che mostra
il collegamento della
caverna con il centro
visitatori.*

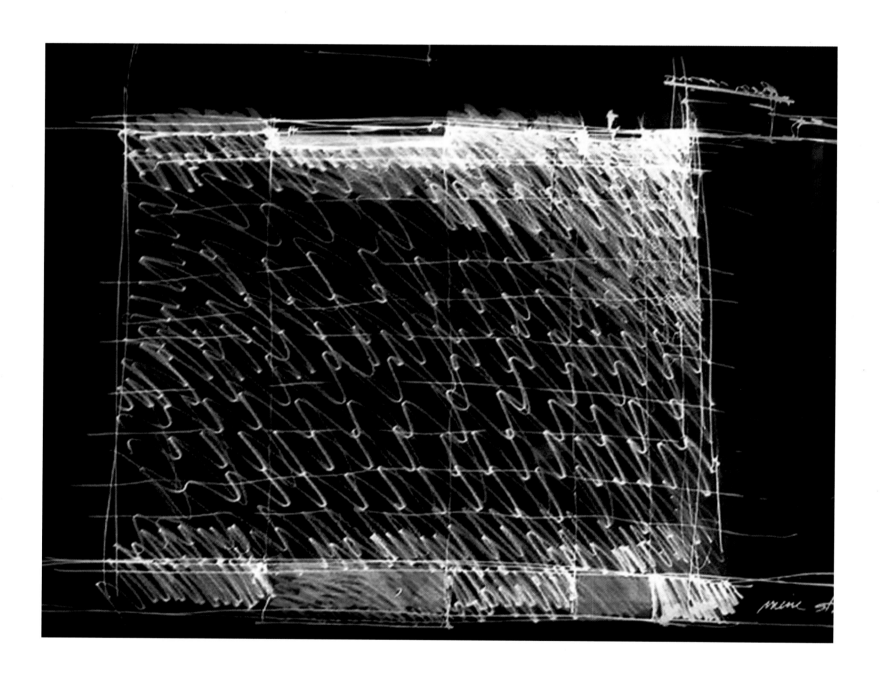

Environmental Education Center

Upper St. Clair, Pennsylvania 2003

Client/*Committente*
Upper St. Clair Township

Architect of Record
Documentazione storica archiettonica
Davis + Gannon Architects

Consultants/*Consulenti*
Landscape Architect/*Architettura del paesaggio*
Wallace, Roberts & Todd

Mechanical/*Impianti meccanici*
Ray Engineering

Photographers/*Fotografi*
Overland Partners
Wallace, Roberts & Todd (pg. 88)

Located in a region extensively mined for coal until the 1960s, the Environmental Education Center at Boyce Mayview Park will integrate land and buildings into a dynamic, extended classroom and create a captivating and beautiful place to inspire visitors of all ages. The Center includes programs to facilitate a deeper understanding of the community's heritage and clarify present-day environmental issues, while establishing a precedent for future development in the park and throughout the region.

Uniquely situated at the threshold between the recreational zone and nature preserve within the park, the complex will symbolically protect the environment from the public. Through the "filter" of education and modeling, the Center will instill in visitors a deep and personal understanding of the perpetual relationships between their community and the natural environment.

Situated at the base of a long slope, the building is set into the hillside, allowing the meadow to roll up upon the building and limit exposure to cold north winds. Transcribing the pattern of the mines carved fifty feet below the ground surface, the gardens adjacent to the center provide outdoor classrooms, a native plant nursery to assist in the restoration of the adjacent land, and a major storm water treatment and filtration system.

Situato in una regione intensivamente sfruttata per le miniere di carbone fino agli anni 1960, l'Environmental Education Center nel Boyce Mayview Park armonizzerà costruzioni e territorio in un complesso per l'educazione ambientale dinamico e vasto e costituirà un luogo affascinante per gli ospiti di tutte le età.
Il Centro si propone di facilitare una più approfondita comprensione del patrimonio della comunità e di chiarire le questioni ambientali attuali, costituendo un precedente per il futuro sviluppo del parco e di tutta la regione.

Situato, in posizione straordinaria, al limite tra la zona ricreativa e la riserva naturale all'interno del parco, il complesso salvaguarderà simbolicamente l'ambiente dal pubblico. Attraverso il "filtro" dell'educazione e attraverso modelli di simulazione, il Centro instillerà negli ospiti una profonda e personale comprensione delle relazioni perenni tra la loro comunità e l'ambiente naturale.

Situata ai piedi di un lungo pendio, la costruzione si inserisce armoniosamente nel sito, consentendo ai prati di arrivare fino all'edificio stesso e limitando l'esposizione ai freddi venti del nord. Riproducendo il sentiero delle miniere scavate a circa 15 metri sotto la superficie del terreno, i giardini adiacenti al centro fungono da aule all'aperto, dispongono di un vivaio di piante native per la successiva piantumazione del terreno adiacente e di un grosso sistema di trattamento e filtraggio dell'acqua piovana.

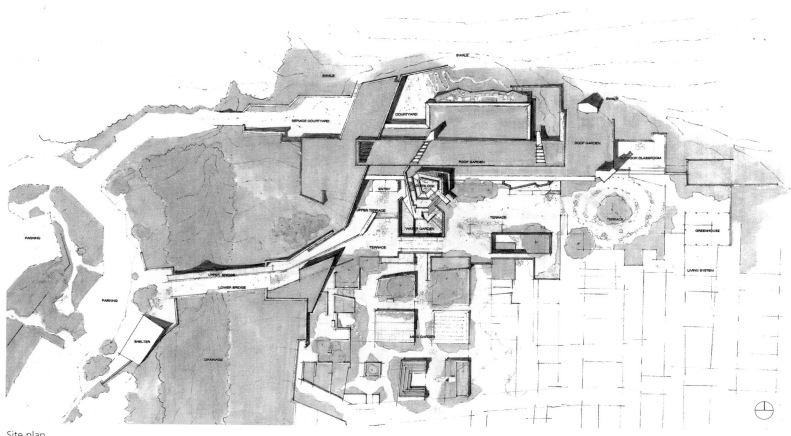

Site plan.
Planimetria generale.

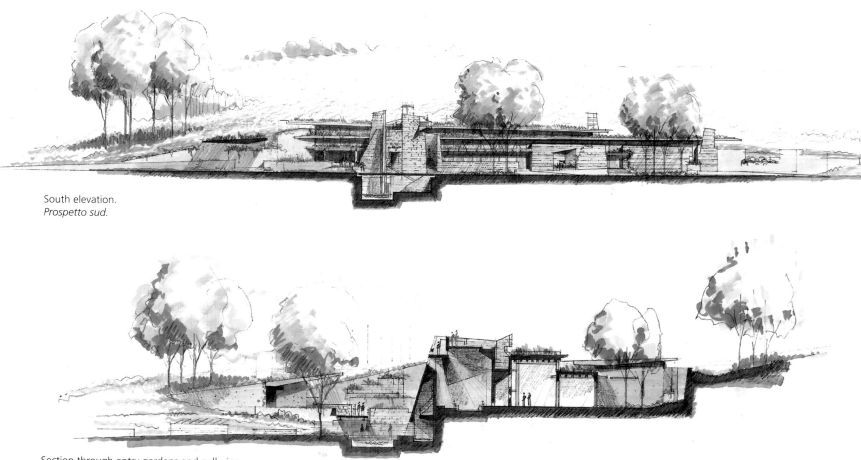

South elevation.
Prospetto sud.

Section through entry gardens and galleries.
Sezione dei giardini d'ingresso e delle gallerie.

Opening page,
conceptual sketch
of coal mines in relation
to building site.

*Nella pagina d'apertura,
schizzi preliminari di miniere
di carbone in relazione
con il sito dell'edificio.*

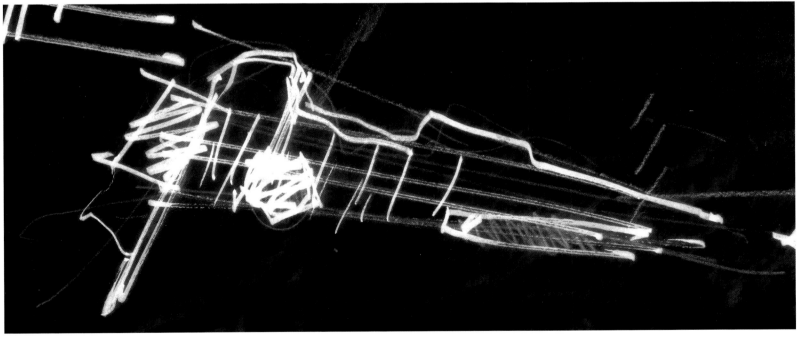

Top, view of Center
from gardens.
*In alto, vista del Centro
dai giardini.*

Below, plan concept
sketch.
*Sopra, schizzo
concettuale della pianta.*

Clear Channel
Communications Corporate Headquarters
San Antonio, Texas 2000

Client/*Committente*
Clear Channel Communications

Consultants/*Consulenti*
Furniture and Finishes/*Arredi e finiture*
RVK with Overland Partners

Landscape Architect/*Architettura del paesaggio*
The Sage Group

Structural/*Strutture*
Lundy & Franke Engineering

Mechanical, Electrical, Plumbing
Impianti meccanici, elettrici, idrauici
Goetting & Associates

Civil/*Opere civili*
Pape Dawson Engineers

Project Management/*Direzione lavori*
James C. Pritchard

Construction/*Costruzione*
G. W. Mitchell & Sons

Photographer/*Fotografo*
Paul Bardagjy

The Clear Channel Communications Corporate Headquarters provides a highly equipped facility and a new image for one of the America's largest and fastest growing communications companies. The design and construction of the 95,000 square foot building was undertaken as a fast-track project. Native Texas limestone, the primary exterior building material, was selected to root the three-story building both physically and emblematically with its site—a former limestone quarry. The dress of the stone, in low relief rough hewn blocks, allows it to be blended with other materials, including glass, steel, slate, and maple, to convey an aesthetic befitting a new high-tech, high-touch company. The visual transparency of the building and day lit workspaces are a metaphor for the company's role in connecting people and ideas through direct visual, as well as highly technical, communications platforms. Access to patios and gardens, on all three levels of the building, provide areas for relaxation within the work environment and take advantage of views to and breezes from an adjacent golf course.

The redevelopment of the former industrial area for residential, commercial, retail, and recreational use, was already underway when the headquarters was built, but Clear Channel sets a precedent for innovative commercial design and contributes economic diversity within the rapid growth of this area of the city.

La sede centrale del Clear Channel Communications costituisce un complesso dotato di strutture estremamente sofisticate e offre una nuova immagine a una delle compagnie più importanti e sviluppatesi più rapidamente in tutta l'America. La progettazione e la costruzione dell'edificio di circa 8.800 metri quadrati è stata portata avanti nel segno della massima priorità. Il calcare locale del Texas, principale materiale utilizzato per l'esterno dell'edificio, è stato scelto per inserire, sia emblematicamente che fisicamente, la costruzione a tre piani nel sito originario – una ex - cava di calcare. L'aspetto della pietra, in blocchi tagliati "a spacco" ed in basso rilievo, consente che questa si armonizzi con altri materiali tra cui il vetro, l'acciaio, l'ardesia e l'acero, il tutto per trasmettere un segno estetico confacente ad una nuova compagnia di comunicazione ad alto contenuto tecnologico. La trasparenza visiva dell'edificio e gli spazi di lavoro illuminati dalla luce del giorno sono una metafora per esprimere il ruolo della compagnia nel connettere persone ed idee attraverso piattaforme di comunicazione sia direttamente visibili sia altamente tecnologiche. Su tutti e tre i livelli della costruzione è consentito l'accesso a patii e giardini che offrono aree per il relax all'interno dell'ambiente di lavoro e traggono beneficio dalla vista e dalla brezza proveniente da un adiacente campo di golf.

La ricostruzione e la riqualifica dell'ex - area industriale per un uso residenziale, commerciale e ricreativo era già in atto quando è stata costruita la sede della Clear Channel, ma essa costituisce un precedente per la progettazione innovativa e contribuisce alla diversificazione economica all'interno della rapida crescita di questa area della città.

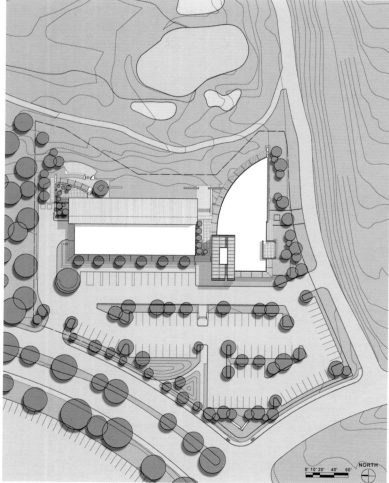

Site plan.
Planimetria generale.

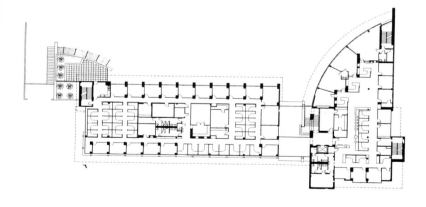

Second floor plan.
Pianta del secondo piano.

Opening page, building entrance.
Nella pagina d'apertura, ingresso dell'edificio.

Top, view of the façade from the street.
In alto, vista della facciata dalla strada.

Above right, south-west elevation.
Sopra a destra, prospetto sud-ovest.

Top, golf course view.
In alto, vista del campo da golf.

Above left, view of the executive wing.
Sopra a sinistra, vista dell'ala di rappresentanza.

Above right, view from rooftop patio.
Sopra a destra, vista dalla copertura del patio.

Top left, view to Quarry
golf course through
lobby.
In alto a sinistra,
vista del campo da golf
Quarry attraverso
l'atrio.

Top right, lobby stair.
In alto a destra,
scala dell'atrio.

Above left, executive suite.
Sopra a sinistra, zona
di rappresentanza.

Above right,
view of boardroom.
Sopra a destra, vista
della sala di consiglio

Opposite page,
view of lobby.
Nella pagina a fianco,
vista dell'atrio.

Profile of Firm
Profilo dello studio

Overland Partners Architects
Studio di architettura e pianificazione Overland Partners
Richard Archer, FAIA, *Principal/Socio*
Timothy Blonkvist, AIA, *Principal/Socio*
Mark Headley, AIA, *Principal/Socio*
Rebecca Rathburn, *Principal/Socio*
Robert Shemwell, AIA, *Principal/Socio*
Robert Schmidt, *Principal/Socio*
Madison Smith, *Principal/Socio*

Overland Partners was founded in 1985 in San Antonio, Texas. The firm is the realization of the desire of four close college friends, Robert Schmidt, Madison Smith, Tim Blonkvist, and Rick Archer, to work together and raise their families in a city with a unique architecture and cultural heritage. Since it was founded, the firm has grown to include three other principals – Becky Rathburn, Bob Shemwell, and Mark Headley – and currently employs a staff of 50. Overland Partners continues to recruit from around the world creative and technical design professionals who desire to participate in a fertile and collaborative environment.

Over the last sixteen years of our practice, we have found that our working process and designs have been influenced by a set of core values. These include:

Called to Serve
We are in a service business and are each called to serve. This attitude must be continually practiced, cultivated and developed. The quality of service that we provide to our clients ultimately depends on how well we serve each other.

Personal Discipline
We strive to keep the commitments we make to clients, our consultants, contractors, each other, and ourselves, and to be faithful in the small things as well as the large.

Short Accounts
We work at keeping relationships current, dealing with problems (and opportunities) immediately and never putting off for tomorrow what can be resolved today. We make it a priority to be reconciled to one another.

Freedom to Create
Creativity happens best in an atmosphere of love, acceptance and understanding. We pursue an environment of grace and freedom where the creativity in each of us may not only flourish but also be stretched.

Honesty
We acknowledge that personal honesty is more than just telling the truth; it means taking responsibility for our own actions. Honesty requires doing what is right no matter the consequences.

Collaborate vs. Celebrate
Overland is full of very talented, gifted, capable people who can accomplish much alone but not nearly as much as when working as a team. Through mutual respect and working together our product will always be better. The truth is, none of us is talented enough to "do it all." There will be times when individual gifts are encouraged and celebrated but these must be within the context of the whole. The appropriate attitude in success or failure is "we," not "I."

Balanced Life
Never confuse having a career with having a life. While you are growing professionally, take responsibility for developing the spiritual, physical and emotional aspects of your life.

Excellence vs. Perfection
Our goal is to provide excellent service and product to our clients. Learn to recognize when you have achieved excellence and when you are moving towards the unattainable at great cost to the firm and yourself.

Joy in the Journey
Choose joy and in all you do, and you will bring joy to those around you, for your attitude will be contagious. Delight in even the small victories, look for the best in everyone and everything, and take comfort in times of distress.

Bold & Courageous
At Overland we encourage boldness in the use of gifts and the courage to take risks based on sound convictions.
This is a decision to step out of the comfort zone of what has worked to push forward toward something more.

Establishing big goals provides us with the opportunity to do something together with courage that we would not do on our own.

People Before Projects
Relationships are paramount. People (clients and each other), and the relationships we have with them, should always come before any project in which we are involved.

Relationships that Last
At Overland we are committed to developing long-term relationships with each other, clients and other team members. These relationships will last beyond our period of working together and we want them to be positive. We want those who join Overland to come here to grow, mature, learn, serve and practice, seek and find fulfillment.

Overland Partners employees, 1985 to present:
Scott Adams, Whitney Archer, Aries Arrogante, Ashley Amini, Timothy Apgar, Gary Blanchard, Norma Blizzard, Kin Bolz, Kimberly Bruner, Lisa Bueno, Joseph Cahoon, Scott Carpenter, Lisa Boeselt Carper, Jessica Carter, Christine Chapa, Yew Kee Cheong, Fred Clifford, Giorgio Colussi, Anne-Marie Cook, Bo Crockett, Hobson Crow, Tiffany Daniels, Jake DeMint, Florence Diaz, M. Dolores Diaz, Andrew Douglas, Julie Dunks, Cheryl Dunn, Ory Eshel, Vicky Estep, Andrew Eubank, Leila Evelyn, Robert Evelyn, Joseph Fazio, Jeremy Fields, Ivette Flores, Michael Fong, Steve Fong, Chad Forsyth, Julya Francis, Mark Froemsdorf, Robert Fuege, Charlie Fulton, Kim Furlong, Rosie Garcia, Stan George, Daniel Gongora, Tiffany Grant, Lichen Grewer, Braden Haley, Jamal Harvey, Holly Goad, Xavier Gonzales, Kay Gough, Elizabeth Gray, Scott Grubb, Tushar Gupta, Robert Hanley, Wade Harris, Deborah Herzik, Eugene Hooton, Nancy Jackson, Dawn James, Vera Jones, Debra Johnson, Kit Johnson, Paul Johnson, Alan Jones, Ryan Jones, Russell Kenyon, Melinda Kim, James Kissling, Steve Kline, Brett Leahy, Hal Lynch, James McKnight, Cesar Maxit, James Laws, Kyle Martin, Andrew Matjasko, Mary Helen Meador, Amy Moore, Stephanie Murray, Joe Neely, Charles Nelson, Katy Nelson, Brad Nettle, Elizabeth Nicol, Daniel Ochoa, Keith Oehley, Kyle Onderko, Fernando Ortega, Orlando Piva, Pam Popejoy, Brett Potter, Carolyn Powell, Bahareh Pourspanj, Aaron Pratt, Julie Rey, Michael Rey, Alyson Priestap, Elaine Quesnot, Frank Rascoe, Katrina Rathburn, Kaprice Reinhard, Agdel Rivera, Steve Roberts, Joseph Rubalcava, Donna Russell, Jeff Russell, Federico Sada, Alina Sanchez, Dane Shafer, Sheila Sandin, Ken Scott, Chong Shin, Shawn Sasse, Gina Schmidt, Hanna Schmidt, Kyle Schraeder, Gregory Seay, Jim Shelton, Karin Shelton, Jack Sile, Andrew Simpson, Drew Smith, Tobin Smith, William Smith, Greg Snow, Johnathan Stampley, Britta Stewering, Wing-Yam Siu, Pi Cheng Sun, Robert Trevino, Angela Van Ness, Todd Walbourn, Gerri Walls, Jennifer Wehunt, Pam Wengler, Cliff Whittingstall, Lee Williams, Tiffanie Wilson, Patrick Winn, Bob Wise, Javier Zamora, Laurie Zapalac, Gary Zimmer, and John Zimmerman.

Overland Partners è stata costituita nel 1985 a San Antonio, in Texas. Lo studio di architettura incarna la realizzazione del desiderio di quattro colleghi di università legati da profonda amicizia - Robert Schmidt, Madison Smith, Tim Blonkvist e Rich Archer – di lavorare assieme e far crescere le proprie famiglie in una città con un patrimonio di architettura e pianificazione unico.

Dal momento della sua creazione, lo studio si è ampliato fino ad includere altri tre soci – Becky Rathburn, Bob Shemwell e Mark Headley - e, attualmente, dispone di uno staff di 50 persone. Overland Partners continua ad assumere professionisti di tutto il mondo, che si dedicano alla progettazione con spirito creativo e tecnico, desiderosi di collaborare in un ambiente fertile e cooperativo.

Negli ultimi sedici anni di attività, ci siamo resi conto che il nostro modo di lavorare e di progettare è stato influenzato da una serie di valori etici essenziali. Tra questi spiccano:

Essere pronti a "servire"
Noi operiamo in un settore di servizi e siamo tutti chiamati a "servire". Questa attitudine deve essere continuamente messa in pratica, valorizzata e sviluppata.

La qualità del servizio che offriamo ai nostri clienti dipende decisamente dal modo in cui siamo l'uno al servizio dell'altro.

Disciplina personale
Noi ci impegniamo a tenere fede agli impegni presi con i nostri clienti, con i nostri consulenti, con gli appaltatori, l'uno con l'altro e con noi stessi e ad essere leali nelle piccole così come nelle grandi cose.

Essere immediati
Noi ci sforziamo di mantenere sempre correnti i nostri rapporti, affrontando problemi (e opportunità) subito, senza mai rimandare a domani quel che può essere risolto oggi. Per noi questo costituisce una priorità, per essere in armonia gli uni con gli altri.

Libertà creativa
La creatività si sviluppa al meglio in un'atmosfera piacevole, ispirata al rispetto e alla comprensione. Noi aspiriamo a mantenere un clima di armonia e di libertà in cui la creatività possa non solo fiorire in ognuno di noi ma anche raggiungere la sua massima espressione.

Onestà
Noi riconosciamo che l'onestà personale consiste in qualcosa di più del dire semplicemente la verità: significa assumersi la responsabilità delle proprie azioni.

L'onestà esige che si faccia ciò che è giusto, a prescindere dalle conseguenze.

Collaborazione e non esaltazione individuale
Overland è ricca di persone molto dotate, piene di talento e competenti che possono realizzare grandi risultati anche individualmente. Ma questi non saranno mai tanto grandi quanto quelli che si possono raggiungere se si lavora in gruppo. Attraverso il rispetto reciproco e la collaborazione, otterremo un prodotto sempre migliore. Il fatto è che nessuno di noi è così dotato da poter "fare tutto". Ci sono momenti in cui le doti individuali vengono incoraggiate ed esaltate, ma questo deve avvenire all'interno di un tutto. Sia nel successo che nel fallimento, dovremo parlare al plurale mai al singolare.

Equilibrio nella vita
Mai confondere la carriera con la vita. Pur crescendo professionalmente, bisogna sempre assumersi la responsabilità di sviluppare gli aspetti spirituali, fisici ed affettivi della propria vita.

Eccellenza e non perfezione
Il nostro obiettivo è di fornire un servizio e un prodotto eccellenti ai nostri clienti. Impariamo a riconoscere quando abbiamo raggiunto l'eccellenza e quando invece ci stiamo incamminando verso l'irraggiungibile, con grande costo per la società e per noi stessi.

Gioia nel lavoro
Cerchiamo gioia in tutto ciò che facciamo e diffondiamo un pensiero positivo a chi è intorno a noi, dal momento che il nostro atteggiamento è contagioso. Traiamo gioia anche dalle piccole vittorie, guardiamo a quanto di meglio c'è in ognuno di noi e in ogni cosa e ci facciamo coraggio nei momenti di sconforto.

Audacia e coraggio
Allo studio Overland, incoraggiamo l'audacia nell'uso delle proprie doti naturali e nell'assunzione di rischi, se supportati da solide convinzioni. Questo ci serve per uscire dalla sfera di tranquillità di ciò che ha funzionato sinora, per andare avanti, verso qualcosa di più. Fissare dei grandi obiettivi ci offre l'opportunità per fare qualcosa insieme con un coraggio che in noi stessi non potremmo trovare.

Le persone prima dei progetti
Ai rapporti umani viene attribuita la massima importanza. Le persone (clienti e noi stessi) e i rapporti che intratteniamo con loro dovrebbero sempre avere la priorità su qualsiasi progetto in cui siamo coinvolti.

Rapporti duraturi
Allo studio Overland ci impegniamo a sviluppare rapporti a lungo termine con il nostro staff, con i clienti e con gli altri membri del gruppo. Queste relazioni dureranno anche al di là del periodo in cui si lavora assieme e vogliamo siano positive. Noi desideriamo che coloro che si uniscono alla Overland vengano qui per crescere, maturare, imparare, essere utili, esercitare la propria professione, cercare e trovare piena soddisfazione.